孤独の飼い方

群れず、甘えず、私らしく生きる

下重暁子

青春新書
INTELLIGENCE

はじめに

晩秋の午後、軽井沢に棲む友人の作家を訪れた。一昨年、同業の夫を肺がんで亡くし、毎日泣いていると聞いていたからだ。

紅葉した落ち葉の舞う窓際に、まだ大きな骨壺が、花々にかこまれてあった。近くにある彼の仕事場はそのままになっている。

彼女はだいぶ元気をとりもどしていたが、まだ一日一回は涙が出ると話した。それでも日々の生活はきっちり彼の生前と同じくやっているという。木曜日はスーパーに一週間分の買い物に行く。

ひとりになって日常をしっかりこなすことが自分を支えてくれるのだ。十四歳と十三歳になる猫二匹が、隣の夫のベッドで寝るようになった。彼等もわかっているのだ。

よく話をし、けんかもし、仲のいい二人だっただけに、淋しさもひとしおだろう。しかし、日頃から孤独を知っていなければ物書きになどなれない。それぞれ仕事の時間は自分ひとりに向き合い、夜は食事を共にする。決して仕事の邪魔はしない。職場がつながっているだけに、自分たちで工夫する必要があった。

今までも心の隅に孤独を飼って生きてきたが、いよいよひとりになって、それが試される時だ。

大丈夫、彼女には実績がある。大切に餌をやり育ててきた孤独な自分、夫がいようと、家族があろうと、人はひとりで生まれひとりで死ぬ。その現実を見つめてきただけに、この後もしっかりと歩んでいくことはまちがいない。その確信を強くした。

もう一人、最近対談をした著名なジャーナリストは最愛の妻を亡くした。

当座は青酸カリを飲んで後を追おうとしたこともあるという。その自分を支えてくれたのは、仕事だ。身のまわりのことは三人の娘が交代でやり、仕事は相変わらず忙しく、人と会って話すことは途切れない。

仕事にしろ、毎日の生活の習慣にしろ、やることがあるのがどんなに幸せなことか。

私自身子供の頃、結核にかかり家の一間に隔離され、小学二年と三年を過ごさねばならなかった。そのことが、今となってはどんなにありがたかったか。

微熱があるだけで痛くも痒くもない病気だが、当時は特効薬がなく、栄養をつけて安静にしているしかなかった。下手をすると死病になりかねない。

普通なら一番活発で遊びに夢中のはずが、ベッドがわりのピンポン台の上が私の居場所、友だちは蜘蛛しかいなかった。

他人から見たらかわいそうな孤独な少女だったかもしれないが、私自身は満たされていた。太平洋戦争の最中で、奈良県の信貴山の旅館に疎開し、隣の部屋の本棚から父の蔵書を一冊ずつとり出しては、ページをめくる時の心のときめき。父は若い頃画家志望だったのでさまざまな西欧の画集や小説などに事欠かず、読めない漢字に妄想をたくましくして退屈することがなかった。

否応なく孤独の飼い方を知っていたのである。

学校にもどるようになっても、転勤族の娘なだけに人になじめず、頭でっかちで、自分と同じ年頃の子供っぽさについていけず、ひとり大人になった気分だった。

大学を出て仕事をするようになっても私の仇名は「転校生」。どこかよそよそしくて心が開けない。ひとりでいるとほっとして、ますます孤独を飼いならし友だちになった。

外に友だちができにくい分、深くつきあうのは自分自身だ。自分と向き合い良い部分も悪い部分も、見届ける。私自身は「自分を掘る」といっているが、自分の心を掘れば掘るほど今まで知らなかった自分が見えてきて興味がつきない。

この二〇二一年私達は、新型コロナの流行によって他とのつながりを断たれ、自分自身とつきあわざるを得なくなった。

今まで外とつながることは普通と考えていた人たちにはどんなに辛い毎日だったか。鬱《うつ》になった例も少なくない。私に限っていえば、それほど苦痛ではなく、むしろ余分な人づきあいがなくなり愉しめた。それはひとえに、子供の頃病気で寝ていたために自分とのつきあい方、孤独の飼い方を知っていたおかげである。

コロナも少し先が見えつつある今、コロナの時期をどう過ごしたかが大きく影響する。将棋の藤井聡太さんは、この時期自分を見つめ自分の将棋をじっくり見直すことによって更に強くなった。孤独を強いられた間をどう過ごしたか。

孤独の飼い方が今、一人ひとりに試されているのだ。

二〇二一年　晩秋の軽井沢にて

下重暁子

『孤独の飼い方　群れず、甘えず、私らしく生きる』目次

第二章　しんどいほうを選び取る勇気

第三章 言葉はその人のすべてを映す

第四章　人づきあいは媚びず期待せず

第五章 こだわりを手放さないということ

第一章

孤独を味わいつくす生き方

1　孤独を恐れない

〝ひとり〟は淋しくない

孤独という言葉にどんなイメージを描くか。淋しい、いやだ、逃げたいと背を向ける人、惹かれるものを感じる人、さまざまだろう。いやだ、逃げたいと思う人も孤独の文字の持つ魅力に惹きつけられることが怖くて背を向けるのかもしれない。

私自身は、孤独という文字を愛している。孤独という言葉にむしろ安らぎを感じてしまうのだ。

ひとりでいれば、他人にわずらわされることがない。春先の穏やかな雲の流れを思う存分に目で追うこともできるし、沈丁花《じんちょうげ》のふくらみかけた蕾《つぼみ》に猫のように鼻をつけて匂いを嗅《か》ぐこともできる。

ひとりは自在な時間だ。孤独であるからこそ、自由に翼をひろげられる。不安はある。自分の世界に入り込んでしまって他と隔絶されはしないか、置いていかれはしないか。

そうした自分と戦って自分を知る。すべての土台だ。自分を知らなければ何もはじまらない。

自分を知るためには、ひとりの時間を持つこと、孤独に耐えて自分の心の声を聞くこと。それが習慣になれば、ひとりの時間が快適になる。

私は、子供の頃孤独だった。同じ年頃の子供と遊ぶことがなかった。病気だったのである。結核の初期の肺門淋巴《りんぱ》腺炎にかかり、微熱があって、小学校二年と三年の二年間、休学しなければならなかった。特効薬がまだなかったので、栄養をとって家で寝ているしかなかった。学校へ行く子供たちのはずんだ声を聞きながら、ベッドに横たわり、一日おきに注射に来る医者を待った。まわりには大人しかいなかった。

太平洋戦争が終りに近く、都会の子供たちは疎開していた。私の一家も体の弱い私のために空気のいい山の上の旅館の離れに疎開した。父は仕事のために残り、山の上には母と兄と私だけで、母の目を盗んでは、父の本棚から一冊ずつ小説を持ち出してながめ、画集をめくっては想像に耽《ふけ》った。

私は孤独だった。けれど満ち足りた贅沢な時間に遊んでいた。快活な同じ年頃の子の雀《すずめ》のさえずりのようなおしゃべりも最初こそ羨《うらや》ましかったが、そのうちうっとうしく思った。淋しくなどなく、私の世界に浸ることで満ち足りていた。

今考えると、あの時の孤独な時間が、私の土台をつくったと思っている。孤独の自由さとこの上ない快楽の味を知ってしまった。

疎開のため、みな勉強していないからと、一年も遅れず学校へもどってからも、ひとりになることは得意だった。友だちと一緒の時よりもひとりが満ち足りていた。表むき行動も共にし、遊びもしたが心は孤独だったと思う。人にとけ込めない疎外感を持てあましひとりになるとほっとした。手当たり次第に読んだ本の中に浸り、想像の翼をひろげ、そのうち、私と同じような人がいることに気付いた。彼女は母が死んで新しい母との間で孤独に病んでいた。お互いに匂いを嗅ぎわけるのか、仲良くなった。彼女とはうわべでない話ができたし、気を使うことなく、いつでも自分にもどることができた。

ひとりで散歩をし、河原で見つけた千鳥《ちどり》の卵に生の驚きと不気味さを知り、毎朝牛乳配達に来る青年に恋をした。感受性豊かだった時代に孤独を知っていたことが、私という個をつくる上で、どんなに大切だったかを今にして思う。

病気も捨てたものではない。じたばたしても仕方ないと肚《はら》をくくり、ひとりを享受する術《すべ》を手に入れた。

孤独を怖がってはいけない。孤独の時間こそほんとうの自分を知るための時間である。人はひとりになってはじめて、自分の内部に耳を傾ける。心の声を聞く時間が持てる。心の奥でふつふつと湧いているものを見ざる聞かざる言わざるでは、かわいそうだ。

毎日十分でも二十分でもいい、孤独な時間をつくろう。誰とも喋《しゃべ》らず、テレビも見ないひとりの時間、無理矢理心と対話するなどと考える必要はない。

ぼんやり窓の外をながめてもいい、散歩に出て猫と語らったり、名もない草花を路地に見つけるだけでもいい。心は自由に、物事にとらわれず、他人が気にならず、のびのびしてくるだろう。

そうすればしめたものだ。あわてることはない。自在に遊ばせておけば、やがて心は何かを語りはじめる。見えなかったことが見えてくる。自分の目や心を、信じてやろうという気が出てくる。考えている自分、迷っている自分が愛《いと》しくなる。個の目覚めだ。個性の個は、孤独の孤を知ることからできてくる。

他人と連なりたがる理由

孤独を恐れる人はどうするか。ひとりでいることを恐れ、他人と連なりたがる。

孤独をなぜ恐れるのか考えたことがあるのだろうか。孤独の中味をしっかりと見つめたのだろうか。のぞき見ることも恐ろしくて孤独の本質を見ようともせずに逃げまわっている。孤独であることの甘美さを知らずに、辛さだけを想像して逃げまわる。本物の孤独とは、逃げまわることなどできないものなのだ。逃げることができる孤独などたいしたことではない。自分を知ることが自分を見ることが怖くて逃げまわっているにすぎない。

逃げてどうするかといえば、ひとりの時間をなくして、べったり人と一緒にいる。

小学生、中学生の頃から女の子の方が連なっている。男の子の方がかっこつけて、ひとりでいることが多い。大人になっても連なっている。トイレに行く時まで「あなた行かない?」「あら行こうかしら」。

ひとりになるのが怖いのである。だからついていく。

ロビーで待つなり、買い物をするなり、用をすませればいいのに。買い物にも他人を誘う。家ではテレビに連なっている。自分から進んでひとりの時間をなくそうと努力しているのである。他と連なることは、心まで他に連なってくるから始末がわるい。他人の話がインプットされ、いざ何か選んだり考える段になると、他人の話しか出てこない。日本人特有の、人と同じことをする、横並びの価値観ができあがる。

こんな中から個性が育つわけがない。人と一つ同じことをしたら、持って生まれた個性が一つ落ちるのだと心得たい。

個性とは一言でいえば、他とのちがいである。同じものは個性といわない。子供たちのいじめを見ても、いじめられている子は個性的である。他の子とちがうからだ。性格、環境、さまざまなちがいはすべて個性なのだ。それを自覚し認めることが個を育む土壌になる。親や大人たちが、他に連なって同じ価値観で動いていると、子供たちはそっくり真似をして、正直に行動にあらわす。

子供の現象は大人の鏡だと思いたい。

日常こそ大切だ。スポーツクラブでインストラクターをそのまま真似て動きまわる自分に気付いて唖然とした。全員そろってやっているから、誰も気付かない。欧米の婦人がひとり、先生とは逆のことばかりやっている。あとでなぜかときいてみたら、

「今日は右肩がこっているから、右を中心に沢山まわした。自分の状態に合わせるのは当

然でしょ」

という。そうか、先生に合わせるのではなく、自分に先生を合わせる。先生と自分はちがう。他と自分はちがうというところからはじまっているのだ。

気がつくと、私も知らぬうちに先生に合わせていたのである。パターンに合わせていては個は育たない。

他人とちがう発想、独自性を持つためには、自分の目でものを見、自分の頭でものを考え、自分で選べなければならない。そのための時間をより多く持つこと。ひとりでいる時間、孤独な時間を多くつくることである。

日本人の場合、意識しなければ、つい人にひきずられてしまう。誘われればついていく。イエスはいいやすいがノーはいいにくい。自分の時間を守るためには、ノーがいえなければならない。はっきりと自分の意志を相手に伝える。自分の意志を確認するためにも、孤独であることは必要なのだ。

自分で考えよう。考えるくせをつけよう。

道をきくのは圧倒的に女が多いという。男は地図を見、自分で見つけようとし、意地になって探しまわる。

車でもそうだ。一緒に乗っていると、つれあいの頑固さには辟易《へきえき》する。道をきかないから、ぐるぐるまわったりする。自分で探す過程が大切なのだ。きけばすぐわかってもすぐ忘れる。自分で考えたことではないからだ。自分の頭の回路を通ったことは忘れない。

自分で考える時間を持つこと。立ち止まって自分を見つめる。他に連なっていてはその時間がない。

グループの友は自分を育てない

子供の頃からグループが苦手だった。中学は女子ばかりの私立だったから、みな四、五人のグループで行動していた。私は友だちはいても、一対一の関係だから、グループからはみ出していた。数人の単位の、仲良しグループは、もたれあいつつ団体行動をしている。

グループで何を話すのか不思議だった。その中には、中心的存在ができ、あとの人たちはそれに従う。金持ちの子女だったり、美人だったり、小さな権力構造ができ上がる。力のつよいひとりとその部下という構図に入るのは、どちらにしてもいやだった。

高校は、男女共学の公立を選んだが、男性という異性がいるために、少し型はちがっていたが、やはりグループで行動する人たちはいた。私は同じクラスでなくとも、好きな人としか親しくしなかった。

大学は早稲田だが、女子学生の数は多く、ひとりで行動するか、グループで行動するか、どちらかにはっきりわかれていた。グループをつくるのは、女子高から来た人たちが圧倒的に多かった。

同窓会などで、いまだにそのグループがくっついているのを見ると気持ちがわるい。グループの中では、自分で解決しなくとも、うやむやのうちにごまかされてしまう。自分も同じことをしておけば、グループが守ってくれる。いじめられることはない。

グループ以外の人は、利害関係が別だから、差別したり、仲間外れにする。よくあるパターンである。男は社会的生きものだから、その辺は訓練されていて、目立たないが、女の場合、ばかばかしいほど表に出てしまう。

かつて文京区で同じ仲間の幼稚園児を殺害するという事件が起き、最初はお受験殺人などといわれ、相手の子供がいい学校に入った嫉《ねた》みが原因といわれたが、調べが進むにつれて、ちがうことがわかってきた。

犯人の主婦は、被害者の母と親しい間柄だったが、急によそよそしくされ、疎外されたと思い、その確執が心を狂わせたらしい。グループで仲のよかった人が冷たくなると、他の人々からも疎外された気になる。グループに入って公園デビューを果しておかないと仲間外れになる。ひとりで耐える力ができずに恨みは方向をまちがえる。

動機がわかるにつれ、その主婦を擁護する女性が多く出てきたのも、自分も同じ気持ち、同じ思いでいるからにちがいない。疎外される辛さを知っているのだ。

なぜ、グループに認められなければいけないのか、疎外されることを恐れる必要はないではないかと思うのだが、グループで生きてきていると、制裁を受けたように思い込んで、自分の中にひきこもってしまう。

最初からグループなどなければいいのだ。友だちとは、すべて一対一、個と個としてつきあう。その方が深く理解し、つながりあうことができる。

グループ行動ぐらい美しくないものはない。制服姿の中学生だろうと、OLだろうと、主婦だろうと、年をとった場合でも、三、四人になると、団体になって他が見えない。自分たちの中しか見えず、他から見るとだらしなく醜い。家族づれが自分たちの中しか見えなくなるのと似ている。

友だちと歩くなら、一対一の関係でありたい。二人ならば丁々発止とやりあうこともできるし、個と個のつきあいができる。

家族づれと同じで、二人なら女同士でも綱引きの緊張感がある。それが醜さから救ってくれる。

友を選ぶならライバルになれる人

一対一の間柄は、良き友だちでありライバルでもある。

私は今思い出して、小学校、中学校、高校と一人か二人の友人がいた。どの人も好きで尊敬できるが、ライバルでもあった。

小学校の友だちは、学校のすぐ前の病院の娘であった。勉強がよくできて、品のいい、喋り方に特徴のある女性だった。卒業以来会うこともなかったが、私が旭川に講演に行った折、たずねてくれた。

大阪が実家なのだが、大学の医学部を出て、夫と共に旭川の病院に赴任していた。その声と喋り方をきいた時、「あ、この女《ひと》だ」となつかしく思い出した。

中学の友人は、偶然入学式で隣り合わせた女性で、同じクラスになった。大阪の商家の娘だが、自分の心に問うことのできる素質を持ち、勉強もよくできた。クラスで一、二番を二人で争う、いわばライバルだった。ライバルだったからこそ相手を認め、お互いの家へ行って勉強したりもした。高校を受験する時も、同じ進学校を二人で受け、運よく二人とも通った。高校では、ちがうクラスになり、目ざす道もちがったが、今でもいい友だちである。富山に住み、木彫を趣味とする。

私たちは決してもたれあう間柄ではなかった。認めていたからこそ、気になる存在で、意識していた。それが刺激になり、発奮したのだろう。

高校に入ってからは、一人は小説や戯曲を書いている友人、そしてもう一人は東京からの転勤族という私と同じ境遇のはっきり意見をいう友人、この二人だった。それぞれ一対一で、三人で行動したことはない。

小説を書いていた友人は、放送局のディレクターをやめて主婦業を続けた後、三十年くらいへて突然小説を書きはじめ、一作目で同人誌の優秀作になった。私らしい女が登場し、フィクションとはいえ、私がいつも彼女にとって気になる存在で、目の上のたんこぶであったことがわかる。

もう一人の友人は津田塾大学を出て、大学で外国人に日本語を教えている。私にとって彼女の言動、おしゃれは、いつも気になっていた。

大学時代は、学生運動の闘士だった友人に反撥《はんぱつ》していた。いきがってやっているのが鼻持ちならないと思いつつ、ひっかかっていた。卒業後、ばったり出会って意気投合。反撥は、惹かれあうものがあったせいだとわかった。もう一人、75歳で芥川賞をとった黒田夏子。一緒に同人誌をやっている時から長い長い小説を書いていた。

大学を出て放送局（NHK）に就職、名古屋に転勤すると一年上にもう一人女性アナがいた。後に女優になった野際陽子さん。頭がよく美しく、人をそらさない彼女の真似をしていたが、真似は真似でしかない。何をやっても負ける。そこで考えた。野際さんと同じことはしないと。器用に喋れないなら、考えて考えて言葉を選ぶことは負けない。それが今につながっている。

私にとって目の上のたんこぶ、こんちきしょうという人だった。その人が社会に入った時、すぐ隣にいてくれたことに感謝する。

孤独を知る人は美しい

野球のイチロー、サッカーの中田英寿。彼らの姿勢はなぜ、美しかったのか。なぜ強かったのか。

顔立ちがとびぬけていいわけでもなく、目立つわけでもない。

イチローも中田もマスコミ嫌い。イチローにインタビューしたことがある、スポーツキャスターの関谷亜矢子さんがいっていた。

「自分の言葉を探して見つかるまで黙っている。間があいた後に、ぼそっと一言。誠実さがよくわかる」

自分に忠実に、いかに正確に伝えるかを考えて話す。調子よく意味のないことなどいわない。

中田にしても、人におもねらず、媚《こ》びがなかった。マスコミ嫌いといわれるが、自分の言葉に責任を持つ態度が伝わってくる。

中田は「自分で考えることが大事」だとよく口にした。一番忘れられていることだ。

自分で考えるから、ひとりの時間が多く必要だ。

彼らのすばらしさは、孤独を恐れないことだ。孤独を知る男だけが持つ凛《りん》とした美しさ。

二人とも自分自身を見つめることを知っていた。

イチローは大リーグでスランプではとさわがれた時期があった。ヒットが途絶えたのだ。

その時、イチローはいった。

「自分の中で確かめられているから、ヒットにならなくてもあわてない」

彼はいつも自分の内側の声をきき、確かめて野球をしていたのだ。打席に立つ時にバットをまっすぐに立てる動作は、昔の佐々木小次郎か宮本武蔵か剣豪を思わせる静けさがあった。あの瞬間を見るのが好きだった。古武士か江戸期の職人という風貌。それは中田にも通じる。彼もさまざまな風聞にまどわされず自分の生きる道を見つめている。

二人に共通する静けさ、動に移る前の静の姿勢。達人としかいいようがない。

自分との孤独な戦い。それが彼らを美しくした。孤独を知る男こそ美しい。

照ノ富士は、若手有望株ナンバー1だったが、怪我のため序二段まで番付を落とし、引退を考えたが、その後自分の相撲を見つめ直し、再び大関に返り咲き、横綱にのぼりつめた。その不屈の精神に頭が下がる。

一瞬の勝負である大相撲の場合、土俵へ上ってから仕切りまでの表情を見ていると、どちらが勝つかわかってしまう。勝つ方には淡々とした静けさがある。負ける方には、気負いやいら立ちが必ずあらわれる。

かつてモンゴルの大草原をひとり馬を駆った少年は、自分に問いかけ自分で答えを見つけて成長した。

孤独を知る男たちは美しい。鑑賞に堪える。イチローや中田はファッションセンスも抜群だ。自分を知る男は、自分に似合うものもよく知っている。

男たちだけではない。孤独を知る女は美しい。自分の心の声をきき、その声にしたがって、個性的に生きる。

決して群れず、ひとりで街を歩き、ひとりで仕事をし、考え判断する。

『ひとりで歩く女は美しい』という題名の本を、かつて上梓したことがあった。その頃も今も同じだ。ひとりで歩く女は美しい。孤独を知る女は美しい。

2 ひとりで行動する

まず自分の部屋を見わたしてみよう

毎日の暮らしの中で個を持って生きるとはどういうことか。点検してみよう。まず、自分の住んでいる家を、部屋を見わたしてみよう。他の家にもあるからという理由で買ったものはないだろうか。

マンションを買う時、たいていモデルルームを見る。

「あら素敵！」

と思ったのはなぜか。そこに並べられた家具が素敵なだけかもしれない。それは売り物ではなく、部屋をよく見せるための小道具である。自分が買ったのは、あくまで空間なのだ。

家具が並んでいるイメージで買うために、似たような家具を並べなければいけなくなる。

ダイニングセットと応接セットである。リビングルームは、それがなければいけないと思い込む。パターンに合わせているだけなのに、そのことに気付かない。モデルルームはあくまでモデル、一つの例にしかすぎず、その空間をどう使うかはその人の腕の見せどころなのに。

ちがうからこそ自分の住まいなのだ。ダイニングセットも、応接セットもなくたっていい。もともとは欧米の暮らし方ではないか。食事をするためには日本には卓袱台《ちゃぶだい》があった。脚が折れて持ち運び便利。大きいのも小さいのも人数によって丸テーブルの大小があり、朱ぬり、黒ぬり、木の色のまま。家族がそれを囲む夕餉《ゆうげ》があった。

私だったら、骨董屋で気に入った朱ぬりの卓袱台を探す。それをメインにして、あと何をどうそろえるか考える。他に連ならないためには、買った部屋で家具のないまましばらく暮らしてみる。段ボールでも木箱でもいい、ふとんさえあれば、寝起きはでき、その中でほんとうに何が必要かが見えてくる。

モデルルームのイメージを払拭し、自分たちの家族構成、行動半径、趣味を考え、話しあった上で、家具を考えよう。

新しく買うことを考える前に、今までの家具をいかに使うかを考えたい。その家具の使い方が見つかった時の嬉しさ。捨てる前に物の命を大切にすることを考えたい。他に連ならない、自分なりの暮らしの演出につながってくるだろう。

かつてリビングルームに三種の神器といわれたものがあった。一つは調律してないピアノ、次に百科事典、最後がゴルフのカップであった。

調律してないピアノは、誰も使わぬ音の狂ったピアノである。高度成長期をへて、我もと子供にピアノを買って習わせた。その残滓《ざんし》である。ピアノに限らず、楽器を一つぐらいやるのは今では当たり前になったが、調律していないピアノはまだ健在である。

百科事典もひと頃ブームであった。家具のように一家に一揃い買いととのえた。教養ある暮らしのシンボルだったのである。たいてい新しいままだった。

生き字引きといわれた、植草甚一氏の百科事典はボロボロだときいた。それでこそ人に見せられるが、新しいのは恥ずかしいことなのだ。

本棚、本箱の中味はその人の頭の中をあらわす。一目でそれと知れるから、他人に見せるのは慎みたい。「この人の頭の中はこんなもの」と知れてしまう。

もう一つ、ゴルフのカップ。自分だけでひっそり楽しめばいいのに、客が来る所にでかでかと飾る。プロのスポーツ選手なら意味もあろうが、ひとりで押入れの隅からそっと取り出してきてほくそ笑むのがふさわしいのではないか。

この三つは場所をとる。他の家にもあるからという理由だけで、無用の長物が鎮座ましましている。

できるだけ、ものを置かない家などというのがはやると、みな右へならえ、もっと自分ならではの住まい方を考えられないものか。私はインテリアデザイナーにもなりたかったくらいだから、さまざまに工夫する。私風インテリアが珍しいのか雑誌でよく取り上げられる。

その雑誌を手に、骨董屋で私と同じ家具を下さいという人がいるとか。

人真似は美しくない。自分の趣味、暮らし方をよく考えて、誰も真似のできないインテリアを見つけてこそ楽しい。

他人とちがうことをする素晴らしさ

人と同じことはしないと決める。あの人がそうするなら、私は他のことをするという発想だ。

子供の頃からその傾向が強かった。人とちがうことをするから、目立ったり、目ざわりだったりするかもしれない。しかし、「あの人はそういう人なのだ」とわかれば生きやすくなる。

「彼女ならしようがない」

そう思わせればしめたもの。それまでの辛抱ができるかどうか。たいていの人は途中で妥協する。もうちょっと、もうちょっとすれば認めてもらえるのに、素直すぎ、人のいうことをきく人が多すぎる。

私が自覚してそうしだしたのは、大学を出て放送局に入った時だ。転勤先の名古屋には一年先輩のアナウンサー、野際陽子さんがいた。頭がよく、臨機応変、美しい。二人しかいないと、いやでも比較される。そこで考えた。野際さんの真似をしていてはいけない。はたと悟った。私は野際陽子ではなく、下重暁子だ。ちがうから生きている意味がある。そこから私はすべて、野際さんがこうやるなら、私はちがう方法でちがうことをと自分に義務づけた。将来女優にといっていた野際さんに対して、将来物書きにとひそかに思ったのもその頃だ。一緒に買物に行っても、野際さんがブルーなら私は赤という風にちがえた。

何が自分にとって大切かを自分で考えようとつとめた。口うるさい先輩からおためごかしに注意をされても、私にとって大切ではないことは、柳に風とやりすごした。

反論はしないが、受け入れはしない。自分で考えてその通りと思えば従うが、思わなければ従わない。

「頑固だ」「生意気だ」と最初はいわれたが、そのうち「彼女には彼女の考えがあるのだろう」と認められるようになった。生きやすくなった。それまでの辛抱が大切なのだ。

強い意見の人がいると、なびく傾向が女にはある。無難だからだ。そのたびに自分の個性が指の間から砂のように落ちていく。

ブランドのバッグがはやったからといって、猫も杓子《しゃくし》も同じものを持つ。ブランド店に行列をつくる。なぜだろう。

どんないいバッグだろうと私なら友だちが持っていたら持たない。探しまわって人の持っていないものを探す。

若い女性を見ていると、シンプルでセンスもよくはなったが、みな同じように見える。ファッションが似ているからだろう。

年をとっても同じこと、おばさん柄と呼ばれる色柄に身を包んで安心する。

軽井沢銀座などで同じようなリュックに帽子、服装で連なって闊歩《かっぽ》する人々をよく見かける。なぜ、自分なりのファッションでひとりで歩かないのか。

安心しきって大声で仲間と話して歩いている姿に緊張感がない。仲間うちだけしか見えなくて、傍若無人であつかましい。一緒に行動していてはほんとうに行きたい所、行きたい店に行けないだろうに。

中年になったら、清潔感のあるきりっとシンプルなものを着ればいいのに、花柄など身につける。スカーフやブラウスくらいならともかく、私なら絶対着ない。

こうやって年をとるとどうなるか。

ジャズダンスがはやればジャズダンス、エアロビクスを友だちがやればエアロビクス。典型的なのはゲートボールである。

なぜ、年をとってゲートボールか。ほんとうに好きな人がやる分には個性的だ。年をとったらゲートボールという図式は美しくない。

私は球戯が下手だからやらない。残り少ない時間やお金や体力は、ほんとうに好きなものに費やしたい。中学高校の感受性の強い頃にもどってみたら、私の場合、歌と踊りが残った。今それをやっている。

マスコミがゲートボールというと、しなければならない強迫観念に襲われる人が多い。何がはやろうと自分で見つけた好きなものをやろう。

そのくせをつけておかないと、老後は不幸だ。

人に連なって同じことができている間はともかく、できなくなると、人を羨《うらや》み、そねみ、愚痴ばかりいって醜《みにく》くなる。あげくのはてに鬱になる。

人を羨まない、愚痴をいわない。やせがまんでもいい、そのくせを、今から身につけておきたい。

甘えあうラクな友だちの落とし穴

「己《おのれ》に克《か》つ」というが、最終的なライバルは自分自身である。怠けたい自分、甘えたい自分に克つ。これが一番むずかしい。

他人を気にするひまはない。自分の内側と対話し、一つひとつ戦いながら、自分に勝ってつみあげていく。

他人を気にしたりするひまはない。友だちがいなくて淋しいという人がいるが、自分から求めなければできない。できたとしても、あくまで他人なのだ。自分とは同じにならない。友だちのことで一喜一憂していたのでは、自分の心が安定しない。

私の最近の心境は、来るものは拒まず、去るものは追わずである。いくら一時期、仲よさそうに見えても、去っていくものもある。向こうから近づいて、これでもかこれでもかと親切にしてくれた人ほど、突然いなくなる。理由がわからず、唖然とするばかり。そういう人は人から人を渡り歩き、突風をまきおこして去っていく。必要以上に親切な人は要注意だ。

友人はつかず離れずがいい。必要以上に相手の心に立ち入らず、気持ちを察することが大事だ。

根ほり葉ほり聞かない。話したければ話すだろうし、話したくなければそれでいい。聞いたことは他人にはいわない。口がかたいことが友人の間では大切である。それが信頼感につながる。

「いわないでね」

といって、人の噂話など口にする人は、「いいふらしてネ」といっているに等しい。噂話はしないこと。興味を持たれるからますますエスカレートしていわずもがなのことまで喋ってしまう。立ち止まっていうべきかいわざるべきかを考えよう。迷った時はいわない方がいい。

仲がいいと称している友だちは、ラクな友だちが多い。いつでももたれあってなぐさめあう甘えの構造。そんなのはろくな友だちではない。

二人で会えば、今度は傷のなめあい、愚痴のききあいで、最終的には二人で奈落の底に沈んでいく。お互いにろくな友だちではなく、時間の無駄である。

精神的にも肉体的にも、よほど弱っている時は、いたわりの言葉や、やさしい言葉も必要だし、愚痴を聞いてくれる人も欲しいだろうが、ふだんはたいてい自分で解決できるはずである。

何でも人に相談する、友だちに聞いているとくせになる。おためごかしに意見をいってはくれても、決めるのは自分である。ほんとうに大切なことは、自分で考えなければいけない。

「ねェ、きいてきいて」と誰にでも相談しべたべたともたれあっているのを友だちだと思ったら大まちがいである。もたれていて、ふと肩を外されたら、どっとこけてしまう。裏切られた思いも大きい。人をあてにしてはいけないのである。

どんなに心を許しあった友だちでも、個と個のつきあいだということを忘れたくない。

親友という言葉があるが、親友を連発されるといやになる。

あの人も知っている、この人もよく知ってると自慢する人ほど、人とのつきあいは浅い。

むしろ辟易されているのに気付かない。
毅然として個が存在するからこそ、認め、ライバルにもなり、好きになれるのだ。

3 いいなりにならない

長いものに黙って巻かれ続けていると

日本には、「長いものには巻かれろ」という諺《ことわざ》がある。強いものにはさからわぬ、従順にしろということなのだろうが、長いものとは何か。蛇《へび》を考えてみる。もし体に巻きつかれたままであったら、こちらがやられてしまう。毒蛇ならば、死もありうるかもしれない。マットのようなものと考えると、そのマットに巻かれ、いじめられて亡くなった子供がいる。ふとんむしというのもある。下手をすると窒息死する。

長いものに黙って巻かれていると、命を落とすこともあるのだ。巻かれるのが日常になっていると、自分の意見を忘れ、考えることを忘れ、人のいいなりになる。

長いものには巻かれてはいけないのだ。巻かれそうになったら、その場を立ち去るか、近寄らないことが大切だ。長いものは、権力や金と考えてもいい。近寄ると利用されそのあげく屈服する。

「寄らば大樹の蔭」というのもある。大樹の下にいれば、保護されて危険はないということなのだろう。しかしどうだろう。大樹には雷が落ちることもあるし、台風時など倒れれば、下敷きになる。決して安全ではないのだ。権力の傘の下にいれば守られるかというとそうではない。

アメリカの核の傘の下に日本はいるといわれるが、相変わらずアメリカの顔色を見ている政治家は多い。

いくら平和憲法を守るといってみても、「寄らば大樹の蔭」という生き方をしているかぎり、つけは大きくのしかかってくる。

大樹になど寄りかからぬがいい。それよりも、草の根でありたい。

「勁《つよ》い」という字は、草の根の勁さをあらわしている。強いというのとはちがう。草はどんな風にもなびきはするが、折れはしない。嵐が去れば元にもどる。ほんとうのつよさとはそのことなのだ。大樹の枝はぽっきり折れても、草の根は大丈夫だ。草の根運動とは、よくいったものだ。権力の強さでなく、一人ひとりの民衆の力は勁い。それが合わさった時は、いっそう勁さを発揮する。

世の中の動きを、大きな目を見開いて、見つめていたい。決してごまかされることなく、何が正しくて、何がちがうのかを見きわめたい。

「自分はこう思う」という自分の意見を持ちたい。そして勇気を持って発言する。そのことが大切なのだ。

「長いものには巻かれろ」だの、

「寄らば大樹の蔭」

などと、強いものに頼って自分で責任を持たない生き方は、最も美しくない。

男だって女だって同じなのだ。かつては家庭の中では男が権力者であった。女はそれに従うという価値観があって、さからうことができず、「ちがう」と思いながらも、従わざるを得なかった。そのくせがついて、自分で考えたり、意見をいうことが下手になってしまった。

これも「長いものには巻かれろ」「寄らば大樹の蔭」なのである。

疑問を持って、女も男も個として歩んでこそ美しい。

「どうもおかしい」からはじめる

「どうもおかしい」「どこかちがう」と思ったら、そのことからはじめればいい。国の政治や経済に物申すことももちろんなのだが、一番身近なことから考え、行動することが大切だ。

例えば、家庭。なぜ、「主人」というのか。私は決して「主人」とは呼ばない。なぜなら私とつれあいとは、どちらが主でも従でもない。言葉に目くじら立てなくてもという人がいるが、言葉は実体をあらわしている。最近は「主人」といわず、「夫」と呼ぶ人が増えた。当然のことだと思う。私は「つれあい」という言葉が好きだ。さもなければ、名前を呼ぶ。仕事上私の苗字はちがうから苗字を呼ぶ。親しい作家夫婦は、妻の方は「彼」とか苗字を呼び、夫は「カミさん」という。カミさんとは、「女将《おかみ》」から来ている。古い言葉だがなかなかいい。旅館など昔から女将が仕切っている。

世間的なものさしを当てはめたがる人はまだまだいる。

取材やインタビューされた原稿をゲラの段階で見せてもらうと、わざわざ「主人」と直されてくる。決して私が使わない言葉なのに変えてあるのだ。人にはそれぞれの生き方・暮らしがあるのがなぜわからないのだろう。

「主人」と思っている人が「主人」と使うことに私が異議を申したてることはない。その人がそう思っているなら仕方ない。

けれど、決して家庭の「主《あるじ》」であると思っていないのに、世間に従って「主人」と使っていては、実体もそうなってしまう。疑問を持つことは大切なのだ。おかしいと批判の目を持つことから、男女の関係も変わってくる。

友人で、退職後、ボランティアの市民グループに入った男性が、いっていた。

「何が驚いたって、そこに来ている女性たちが、みな、夫、夫っていうんだよ。最初は奇異に感じたけれど、今はよくわかった」

六十代後半の男性だから、「主人」以外の呼び方など考えたこともなかったのだろう。男の側は、そこに乗っかって当然と思ってきたから、自分では気がつかない。

夫婦別姓にしたってそうだ。女の側は、不便この上ない。パスポートや健康保険、免許証だけが「下重」ではないから、他の名を呼ばれると、いったい誰のことかと思ってしまう。二つの名が同一人物と証明するめんどくささもある。自分という個人はどこにいったかと不快になる。そのことを男に説明しても、もう一つぴんとこないらしい。自分が不便さ、不快さを体験していないからなのだ。

住民票などで、世帯主がなぜつれあいなのかもわからない。我が家は、一緒に暮らしてはいるが、独立採算制で、共通のものは半々に払うけれど、あとはそれぞれで使っている。相手のために買うものはプレゼントでしかない。

死ぬまでそれを続けるつもりなのに、世帯主がなぜつれあいなのかがわからない。男だからということだろうけれど、私の方が収入があったとしても世帯主は男だというのが世間一般の慣例なのがよくわからない。身近な疑問から一つひとつ解決していかなければいけない。

疑問は素直にぶつけたい。おかしいと思ったら言葉にして表現し、考えてみることが大切だ。

めんどうくさがっていては、結局長いものに巻かれてしまう。おかしいと思ってもいいなりになるしかない。

個というのは、自分なりの疑問を自分で考え、一つひとつを大切に生きることからできてくるのだ。毎日の積み重ねであって、一朝一夕にできるものではない。

長いものに巻かれ、大樹の蔭にばかり入っていると、ラクなのだ。文句もいわれないし、抵抗することもない。

しかしそれが積み重なると、結局、考える力も、批判する心も奪われて、生きる屍《しかばね》と化してしまうのだ。

批判をしなくなったら人生おしまい

「あの人も年をとって丸くなったわネ」というのは、決してほめ言葉ではない。批判したり、自分の意見をいったりすれば角《かど》が立つ。

角が立ってもいわずにいられないことが心が若い証拠なのだ。丸くなって何もいわなくなったらおしまいだ。

最後まで、どれがほんとうでどれが嘘かを見きわめる目と勘を失いたくない。いいかえれば、批判精神である。反骨といってもいい。

身近なことから、政治や経済、環境すべてのことに批判はひろがっていく。

テレビでうさんくさい意見などに出会うと、「それはちがう！」などと思わず声に出していうことがある。

つれあいが、横から、「テレビに向かって文句いうようになったらおしまいだな」と冷やかす。

しかし、文句もいわなくなったらそれこそおしまいだ。老人ホームなどで全く受け身で午後のドラマのチャンネルをまわしている風景などに出会うが、悲しい。

九十三歳で亡くなった評論家、石垣綾子さんは、老人ホームに入ってからも、テレビで話す首相や閣僚の発言に、いちいち「それはおかしい」「私はこう思う」と最後まで反論していたという。だから精神も体も若かったのだ。すでに八十歳を過ぎて講演のため一緒に地方へ行ったことがあるが、どこから見ても、五十代後半か六十代にしか見えず、サーモンピンクやローズピンクの華やかな服がよく似合った。

出版記念会のコバルトブルーのサリー姿の美しさは、今もよく憶《おぼ》えている。

精神の若さは、顔に、体にあらわれる。心の若さ、精神の若さとは批判精神のあるなしだと思う。

批判する力とは、自分で考える力である。

それがあるかぎり心は若く、精神は柔軟である。

批判もせず、角もなくなり、唯々諾々《いいだくだく》と人の意見に従うようになっては哀しい。年をとって頑固になるというけれど、自分なりの頑固さは持ち続けたい。

それを言葉にしてあらわし、人と意見を交換する。人の考えを知り、また考える材料ができる。

できるだけ世代のちがう人がいい。私は意識して若い人とつきあうようにしている。ラクなのは同世代の人ではあるが、刺激にならない。若い人と話すことで自分の考えを批判することができる。そういうナイーブさも失いたくない。

「連帯」という言葉があるが、個のある一人ひとりが自分の意見を持ち寄ってこそ力を合わせることができる。

長いものに巻かれ、大樹の蔭でラクをし、自分の意見をいわず、強いものになびいているのは、「連なる」ことで、「連帯」ではない。

第二章

しんどいほうを選び取る勇気

4 ラクしては楽しくない

ラクを選んだ失敗

「もう少しラクな暮らしができたら」

「何もしないでラクになりたい」

無意識に私たちは、ラクという言葉を使う。ラクとは何かを深く考えもせずに。ラクという言葉は、辛い今を逃げ出すための免罪符だ。ラクといったとたんに未来はバラ色に輝いている錯覚に陥る。

落ち着いて考えてみよう。ラクとは楽と書く。楽しいという字をラクと読ませる。では、ラクなことは、ほんとうに楽しいだろうか。

「もう少しラクに暮らせたら」というのは、経済的にラクになったらという意味がある。仕事やら家事やら忙しすぎて、時間ができたらという意味もあろう。

かなえられたとしよう。私の友人で、ある化粧品会社の広報をしていきいきと働いていた人がいた。人の世話をするのも好きで、マスコミや関係のある会社の人々からも重宝がられ、愛されていた。ところが、根も葉もない妬みを受け、ついにキレて、やめてしまった。折角、向いていると私も思い、惜しいとまわりからもいわれるのに。彼女は、今置かれた環境からラクになりたい一心で、やめたのだと思うのだが、やめてみると、いいことばかりではない。やめなければよかったかとも思ってしまう。前の仕事のような仕事はおいそれとは見つからない。ラクな方を選んでみたら、実は楽《ラク》は楽しくはなかった。

ラクとは楽しみにつながらないのだ。

「もう少し経済的にラクだったら」とは誰しもが考えることである。もう少しお金があったら……、あれもできる、これもできる。はたしてそうだろうか。

世の中には、ラクを手に入れたかに見える奥様方が結構いる。

結婚し、夫もある地位になり、子供は手が離れ、そうした奥様方が、婦人雑誌のグラビアやテレビで紹介されたレストランや料理屋を食べ歩き、お茶をのみ、人の噂話に花を咲かせる。家庭の主婦だろうと、主婦業が仕事ならいくらでもやることがあるはずなのに。

今年の正月、コロナの影響で高価な有名料亭のおせちがとぶように売れたという。吉兆の二十五万円のおせちをはじめとして、十万・二十万、予約はすぐ埋まったという。不思議で仕方ない。おいしいものを食べることは私だってやぶさかではない。保存食であるおせちにそれだけのお金を使うなら、目の前にできたての料理が運ばれてくる方に、なぜお金を使わないのか。

おせちぐらい自分で自分の味を工夫してみたらどうだろう。その土地土地、家々の味も残っているのだから。

それでこそ楽しいというものだ。何もしないことがラクだとしたら、まちがいもはなはだしい。

こうした奥様方は、ひまを持てあまし、ブランド品を買いあつめ、お金の無駄づかいをして楽しいのだろうか。

みんながやっているからやる。見栄をはって、人を羨ましがらせる。そんなことがはたして楽しいだろうか。後に残るのは、むなしさだけではないか。

経済的に多少ラクになって人真似ができるようになっても、自分は何をしていいのかわからず満たされない。相変わらず、他の人を羨み、上を見ては愚痴をいう。それが楽しいことだろうか。

ラクを求めてはみたが、結果は楽しさとは縁遠かったはずである。

楽しいことはしんどいことをしてはじめて味わえる

ラクと楽しいとはちがう。なぜ「楽」をラクと読ませたのか。大まちがいである。ラクと楽しいは逆のことだ。

ラクなこと、ラクなことを選んでいては、決して楽しみが見つからない。

好きなお菓子をつくる。いつも同じつくり方をしていたのでは、マンネリになる。飽きがくる。やりたくない。料理も同じだ。

料理の本を読む。おいしいといわれる味を研究する。なんとかその味を出したい。工夫しても工夫しても失敗する。それでもやる。ついに思うような味が出た時、「やったァ」と喚声をあげたくなる。味わったことのない楽しさが込みあげる。

しんどいことをやり続けたからこそ、楽しさがわかったのだ。

遊びだって同じことだ。テニスをやる、ゴルフをやる。同じサーブをくり返し、何の工夫もなしに球を打つ。惰性だけが巣くって、進歩はない。

うまくいかなくとも、あれこれ考え工夫して、思うように球がとび、サーブができた時こそ嬉しい。

ほんとうの楽しさとはしんどいことを積み重ねる中から感じることができるものなのだ。楽しいことは、しんどいことをしてはじめて味わえる。

ラクなこと、ラクなことを求めて逃げている人には、一生味わえない。

楽をラクと読ませたのは、誰かがまちがったのである。


仕事でも同じである。私は、かつて放送局でアナウンサーをしていたが、好きでなったのではない。ほんとうは活字の仕事をしたかった。新聞社、雑誌社など女性の募集がなく、就職時に募集が大学へ来たのは、アナウンサーしかなかった。大学卒の女性の就職先など全くなかった。やむを得ず、試験を受けたら、宝くじに当たってしまった。

仕事は毎日同じことのくり返し、マンネリになり飽きる。どんな仕事でも同じだ。

もともと嫌いでなったと思っているから、与えられるものをなんとなくこなすだけ。

「今晩の番組から」という番組を紹介するだけの番組を与えられ、ほとほと嫌気がさした。

仕事をかわろうにも、稀有《けう》なる確率で就職したのだから、他にはない。毎日、いやだいやだと通っている日々の顔は、鏡に映してもいやになる。目は死んで腐った魚のよう。

これでは自分が駄目になる。今を生きなければ……そう思って今の中で楽しみを見出そうと努力した。ほんとうに何もないか、自問自答し、ある日、地下鉄を降り、公園を歩いて放送局へ向かう途中、ハタと思い当たった。

会社にいるのは八時間としても、一週間、一月、一年で何時間だろう。今の人生の大半を文句をいって過ごしているのは無駄だ。どこかに楽しみはないか。

仕事は同じことのくり返しで馴れればラクだ。けれどラクだから楽しくない。

「今晩の番組から」の頭の十秒のあいさつを毎日変えることにした。「今晩は、お元気ですか」をやめて、「春の宵《よい》、誰かがブランコにのっています」とか、「小春日和《こはるびより》のことをヨーロッパでは老婦人の夏というそうです」。天気、ニュース、見たこときいたこと、毎日ちがえて十秒内に言葉を選び、俳句をつくるつもりでやる。

最初はしんどかった。だが半年続けたら、鏡の中の目が輝いてきた。あいさつを考えるのが楽しくなった。そのうちまわりが気付き、他の番組がまわってきた。出版社が私の言葉をきいて本を出さないかといってきた。十秒の楽しみが私を変えた。自分が変わったら環境が変わった。

手間をかけた「スロー」な生き方の贅沢

「スロー」ばやりだという。すべて「ファースト」「ファースト」ばかり追ってきた反動だろう。

町を歩けば、ファーストフードの店ばかり、何でも簡単に手に入るコンビニが大はやり、若い人たちに受けている。そんなに速さや簡単さばかり追い求めてどうするのだろう。例えば食に限ってみても、速く手軽くばかり追って、余った時間を何に使っているのだろう。

もともと効率と簡単さを求めるのは、余った時間を意義のあることに使いたかったからだ。では、意義のあることに使っているだろうか。否である。残った時間、創造的なものを生み出しただろうか。否である。残った時間も、ゲームやスマホに夢中になり、ろくなことがない。

食なら食をつくる過程でさまざまな創造があり、文化がある。

琵琶湖の近くに、「鮒《ふな》ずし」という食べ物がある。保存食のなれずしの一種で、縄文時代からの歴史がある。湖でとれるにごろぶなを最盛期にとり、内臓をとり、塩と米をつめ、タルにつめて三年でやっとでき上がる。各家庭でつくられていたが、今では、何軒か老舗《しにせ》が残るだけだ。スローフードの典型だが、そこには知恵と想像力が結集されていた。

今や、にごろぶなも減り、風前の灯《ともしび》になろうとしているが、もしこの味がなくなったら、また一つ日本の文化が消えていくことになるのだ。

江戸時代になってとれたての魚を米の上にのせて食べる「ハヤズシ」ができた。今の鮨の原型である。

その鮨も年月をへて板前さんが目の前でにぎるのではなく、回転ずしなどというものが出て来た。どんどん速く簡便になっていくのだ。

簡便を追うあまり、おにぎりでも何でも化学調味料や防腐剤を山ほどふりかけ、食の文化などとはほど遠く、食の危険が身近にせまっている。

速かろう安かろうと効率だけ追い求めてきた結果なのだ。

立ち止まってもう簡便さは追わないという風に変わらねば、日本の文化はなくなってしまう。食のグローバル化なる名のもとに、マクドナルドなどアメリカ型効率主義だけが幅をきかせる。その一方で、長い歴史の中で築きあげた文化は、音をたてて崩れていく。

産業革命以来、西欧文化が世界を牛耳り、追いつき追いこせと日本はやってきた。その間に消えていった、夥《おびただ》しいものの数々……。

もういい。効率を追う弊害があちこちに出ている。地球もそのために蝕《むしば》まれて、とり返しのつかないことになりつつある。たまりたまって、ある日、一気に現象としてあらわれる。そうさせないために知恵を働かせなければならない。

ラクを求め、楽しさも美しさも失っていく中で、踏みとどまって手間のかかること、時間と努力を要することをやってみたい。

5 厳しさに耐えて花を咲かす

「臈《ろう》たけた女《ひと》」がいなくなったのはなぜか

私の好きな言葉に「臈たける」がある。辞書によれば「気品がある」という意味だが、今は死語になってしまった。

「臈たけた女」といういい方があった。柳原白蓮《やなぎはらびゃくれん》とか九条武子《くじょうたけこ》といった人たちだろうか。品があり、毅然として自分の生き方を持ちそれを押し売りせずに、感じさせる美しい人のことである。

個性豊かに、活動をする生き生きした美しい女性は増えたが、臈たけた美人はいなくなった。臈たけた女がいなくなったから、自然に臈たけたという言葉が死語になった。

なぜ臈たけた女がいなくなったのか。

『東京物語』をテレビドラマとして、現代の俳優でやっていた。小津安二郎の名作映画『東京物語』の焼きなおしだが、笠智衆《りゅうちしゅう》と東山千栄子の老夫婦がよかった。ほとんど会話がないが、それで通じている。息子、娘の家をめぐった末、二人は、「帰りましょうか」「うん、帰ろう」と尾道へもどっていく。

その老夫婦を宇津井健と八千草薫が演じていた。八千草薫にはかつての『東京物語』の匂いがあったが、宇津井健にはない。それは何か。言葉にならない雰囲気、「﨟たけた」に近いものが八千草薫には感じられた。黙って耐えるとでもいったらいいのだろうか。自分の中で、悩み、考え、解決する中から滲み出る美しさである。

耐えるとは、また、なんと古風なといわれそうだが、現代の私たちが失ってしまった美徳の一つが、耐えるということではないかと私は思っている。

耐える女などというと、封建時代のもとでの女性像の典型のようだが、私自身は近年、耐えることを美しいと感じはじめた。

文句をいいたいことも、愚痴を並べたいことも、黙って自分の中に収めて微笑《ほほえ》んでいる女を美しいと感じるのだ。

なぜなのだろう。私たちは自己実現などといいつつ、いいたい放題が自己実現のように錯覚してしまった。自己がなければ自己実現などありえない。自己を発見し、創ろうともせずに自己実現などという口舌の輩《やから》が多すぎる。もっと自分の中に深く沈んで、蓄《た》めなければいけない。

男性の場合は、酒場での上司や同僚の悪口でうさを晴らしたつもりになり、女性の場合は、テレビのワイドショーで仕入れた他人の噂話とファッション等の話題で過ぎていく。情報を早く得ることばかりに汲々として、自分の中で考えたり消化したりすることをしない。

耐えるとは自分の中に蓄めることなのだ。決して人のいうなりにじっとしていることではない。むしろ逆なのである。

自分の中で、答えが出るまでじっと待つ。その過程が大切なのだ。黙って耐えるとは、黙って考えるということだといってもいいだろう。

日本の美とは、きらびやかに華やかに訴えかけてくるものではない。黙っていて感じる美。

例えていえば野の花のような勁《つよ》さと優しさである。この原稿を書いている軽井沢の山荘には野の花が溢れている。なぜか西洋花を植えても飾ってもふさわしくない。

小さく目立たず、さりげない花々のなんという美しさ、冬の厳しい寒さにも耐えて再び花を咲かす。﨟たけた美しさだ。

古典芸能からスターが生まれる秘密

最近は、歌舞伎の世界や狂言の世界からスターが生まれることが多い。大河ドラマの主人公になったり、その後も活躍はめざましい。

音楽にしても、古典芸能の中に美しい男を見つけることがある。

友人の関西の煎茶道の宗匠の家で若き鼓《つづみ》の名手に会ったことがある。その音色の透《す》んだ美しさ、立居振舞《たちいふるまい》、そして姿かたちのいいこと、ほれぼれとした。こうした男には日頃お目にかからない。電車の中で見かける若者にもいない。

古典芸能をやる中からスターが輩出している。

なぜなのだろう。古く因習にしばられたと思われがちな世界の中にこそ、輝くような美しさが育つ。

それは厳しい修業があるからだ。子供の頃から耐えぬいてきたからだろう。歌舞伎や能・狂言など古典芸能の家柄に生まれ育つと、子供の頃から父母に厳しくしつけられる。芸の伝承はもちろんだが、日常の立居振舞、礼儀作法にも厳しい。

おじぎの仕方一つでもちがう。

私は、六十代から地唄舞を習っていたがお家元へのあいさつは難しい。戸のあけたてでも、襖は必ず、座ってあける。おけいこの始めと終わりには、きちんと正座し扇子を前にして「お願いします」「ありがとうございました」という。どんな小さなことでもそうである。歌舞伎界の御曹司なども習いに来るが、小学生でもその礼のなんと美しいことか。

プロになる心がまえができている。

三之助のひとり、尾上菊之助が稽古に来ていた。いうまでもなく尾上菊五郎、富司純子の長男で美しい女方。目が輝いているし、どんな小さなことでも家元から盗もうとする真剣さ、ほれぼれするほどいい男である。思わず最後まで稽古を見てしまった。

先代の中村勘三郎さんの長男、勘九郎の稽古の時もそうだった。「猩々《しょうじょう》」を習っていたが、酒に酔ってバッタリ倒れる所など、毎回、一直線に床に倒れる。さぞ痛かろうに、体のあちこちはあざになっているにちがいない。

それでも手をぬくことはしない。真剣に何度も何度もくり返す。それが芸になる。

こういう厳しさの中からこそ、美しさが生まれてくる。

古典の世界から本物のスターが生まれてくるのは、当然のことだと思える。

男性にかぎらず、女性でもそうである。松たか子など、久々に品もあり大きさのある美しい女優と思えるが、彼女は白鸚の娘である。

スポーツクラブで見かけることもあるが、決して高ぶらず、目立とうとせず、礼儀正しい。

古典という伝統と枠の中で純粋培養され、その中で耐えて修業をする、自分の内側に蓄めることを知っているからこそ美しい。

ほんとうの美しさを生む土壌が知らぬまに培われている。

芸というのは本来そういうものであるはずだ。ぽっと出の隣のねえちゃん、あんちゃんのようなタレントなど消耗品でしかなく、美しくない。

日本でもこれからは本物の時代だ。素人の時代はそろそろ終わりにしてもらいたい。

自分の道にはげんだ人のさわやかさ

毎年ノーベル賞に日本人が選ばれるが、新鮮な驚きで迎えられたといえば、なんといっても二〇〇二年ノーベル化学賞受賞の田中耕一さんだろう。

有名な大学教授などではなくて、企業に勤める四十三歳の技術者。その気どらない新鮮さ。

受賞後の初会見も作業着姿だった。

「すみません、こんな格好で」

というが、それがいかにも突然で思いがけなかったということと、彼のさりげない人柄をあらわしていた。

途中ケータイが鳴る。

「すみません、妻からでした」

実家の法事に帰っていた妻からの祝いの電話だ。奥さんもさりげなく、この夫婦の人柄がわかる。

久しぶりにナイーブで新鮮な人を見た気がした。かつてはいくらでもいた日本人だったかもしれないが。

企業内の主任の立場で出世より研究一筋の環境を選ぶ。

「偶然の失敗が発見につながった」とあくまで謙虚だが、その裏には長い間のこつこつと積み上げた研究があったのだろう。

子供の時から一つのことをつきつめる性格だったというし、「変人」と自らもいうが、他から「変人」と見られようが、自分がこうと思った道を突き進む。そのさわやかさがいい。

研究の中では失敗や苦しみをきっといくつも乗り越えたにちがいない。耐えることも多くあっただろう。自分の道だからこそやってこられた。

変人万歳である。他人にばっかり気をつかっていては研究はできない。頑固といわれようと何といわれようと、その結果がノーベル賞だ。他の人にできない発見をした。

変人といわれるくらいでなければできない。他に連なることが好きな日本人に大きなショックを与えたにちがいない。

世の教育ママにも子供たちにもすばらしい教訓である。

それでいて田中さんは暗くない。むしろ明るく、率直さがユーモアさえ感じさせる。日本もまだまだ捨てたものじゃない。

学位もないし、とるつもりもないという。有名大学の学者ではないのだ。一企業の研究者でありこうした人がいたことが嬉しい。

田中さんに美しさを感じた人は多かろう。自分の道にはげんだ末の結果なのだ。

今までノーベル物理学賞や化学賞はすべて学者だった。しかも、「今年こそは」と何年も下馬評に上がり、本人も期待していた人たちである。

田中さんの場合は全くちがう。

ほんとうに思いがけなかったことだろうし、そんな結果やごほうびなど、期待もしていなかったろう。

「ドイツの研究員も一緒に受賞したかった」とか、「グループで研究してくれた人に感謝したい」とか、あくまで謙虚なのである。本心から出ているその言葉が、またなんともさわやかで、心洗われる気がした。

6 緊張感を失わない

「緊張して上がっているからうまくいく」

「人前で話をしなければならないけれど、緊張して上がってしまうので、何かよい方法はありませんか」とよくきかれる。

そんな時は、「私も緊張しますよ。だからうまくいくと思うことにしています」と答えることにしている。

上がりすぎては困るけれど、適度に緊張感のある方がうまくいく。「頭が真っ白になる」と日本ではいうが、欧米では「頭が真っ黒になる」というらしい。

名バリトンといわれたヘルマン・プライがサントリーホールで、七夜連続でシューベルトの歌曲集をうたい、最終の日の『白鳥の歌』のラストの曲をうたいはじめて、途中で楽屋にひっ込んでしまった。後できくと、演目のちがう七夜連続の緊張感が、あと一曲という所で切れたのだろう。本人は後に、友人の指揮者、岩城宏之さんに「あの時頭が真っ黒になった」といったそうだ。

真っ白にしろ真っ黒にしろ、空白状態を指すことはまちがいない。緊張しきっている時ではなく、あと一曲とか、ふと安堵感が訪れた時に、ぽっかり穴があく。

私もそうだ。今日は緊張していると思う時には、スムーズにいくが、今日は落ち着いていると思った時が危ない。思わぬ落とし穴に落ちる。

私はいつも自分にいいきかせる。

「今日は上がっているからうまくいくぞ」……と。

〃人という字を掌《てのひら》に書いてなめると上がらない〃というおまじないがあるそうだが、それよりもはるかに効きめがある。

緊張は人を適度の興奮状態におき、血のめぐりも、舌のすべりもよくなる。

緊張を否定するのではなく、緊張の効用を考えた方がいい。

どんなにベテランの俳優でも、歌手でも同じだという。舞台に出る前は極度の緊張状態におかれている。せりふを忘れはしないか、歌詞を忘れはしないか。

いつだったかあの大ベテラン、北島三郎が二番の歌詞を忘れたことがあった。森進一が一番を二度くり返すのもきいた。中島みゆきが『地上の星』の二番の歌詞を忘れた。「ララ……」でごまかす人もいる。みな緊張や上がったせいではなく、安心した時穴に落ちたにちがいない。

亡くなった名シャンソン歌手、越路吹雪さんは、出番の前は話しかけることもできないくらいガチガチに緊張していたという。ところが舞台に出ると一気に解放され花開く。それがスターというものだろう。

私も講演などで舞台に出る前は、緊張しているが、いざとなると開き直り、舞台では別人になれる。

緊張感がある時、五感も、生気をとりもどし、目も耳も、能力を発揮する。

不安と期待が交差するからこそ面白いので、安心しきったところからは何も生まれはしない。

旅のキャッチフレーズに、「安心できる旅」というのがよくあるが、私はそんな旅には食指を動かされない。不安がどこかにあって緊張があるからこそ期待も楽しみも生まれる。

けじめのある生き方からくる美しさ

瞽女《ごぜ》という職業を御存知だろうか。『はなれ瞽女おりん』という水上勉の小説やそれを映画化した作品もある。篠田正浩監督、岩下志麻主演であった。

斎藤真一の瞽女の絵も有名である。目の見えない女の芸能者のことで、娯楽の少ない時代、三味線を弾き、歌をうたい、各地を歩いた。

私は、最後に新潟に残った瞽女、小林ハルさんのことを、新潟日報の夕刊に連載し、『鋼《はがね》の女《ひと》』（講談社　※後に『鋼《はがね》の女《ひと》　最後の瞽女・小林ハル』として集英社にて文庫化）というノンフィクションにした。かれこれ三十年前のことだ。

当時九十歳前であったが、雪の日も夏の日も、山形県境に近い黒川村の「胎内《たいない》やすらぎの家」に、ハルさんを訪ねて取材した。

百五歳で亡くなるまで、地を這《は》うような暮らしをして来た人だが、会うごとに美しく、気品さえ漂っている。この人はどういう人か。目が見えないのにハルさんの前に行くと思わず正座してしまうのだ。

「いい人と歩けば祭り、悪い人と歩けば修業」

という哲学的な言葉も吐く。いい人と一緒なら祭りのように楽しいし、意地悪い人やいやな人と一緒だと、自分をきたえる修業だと思う。百四十センチ足らずのこの女《ひと》にすっかり魅せられてしまった。

取材中、ハルさんはいつだってしゃんとしていた。頭の痛い日も、具合の悪い日も愚痴や泣きごとをいわない。自分の身を律している。その生き方はまことに美しい。

目の見えない人たちのための施設であるから、たいていの人たちは、食事に行く時や友だちの部屋に行く時もトレーナーなどラクな格好をしている。体が不自由なら仕方ないと思うのだが、ハルさんはちがう。

きちんと自分で着物を着て帯をしめ端然と座っている。目は見えないが、他の目の見える人が見た時、快い格好をと心がけている。

面倒でもきちんとすると自分の気持ちがひきしまるのだろう。

瞽女だった頃、泊まった家で夜這いに来た男がいた。ハルさんは自分の座る場所のまわりに針をさして、男を近づけなかったという。

男と関係を持たないことも瞽女のきまりだったのだ。

そのハルさんが吉川英治賞を受賞した。私も推薦者の一人であったので、嬉しくて、新潟に仕事で行った折、足をのばしてお祝いに行った。

ハルさんは相変わらず端然と腰かけていた。部屋は個室のベッドに変わったが、肌はつやつや、少し耳は遠いが、頭ははっきりしている。私を、すぐ声でわかった。

自分に厳しい生き方は変わっていなかった。着るものは洋服になったが、ピンクやベージュ、ワインレッドなどを上手に着こなしていた。

その日はワインレッドの丸衿《まるえり》の無地の装いが白い肌によく似合って、前より若くなったようだ。

寮母さんがハルさんのファンから贈られた指輪をはめてくれたという。手を見せてもらうと、丸くて紅い指輪がなんとも可愛い。

この人はいつも身ぎれいで、老醜というものがない。生き方をあらわしてもいるのだろう。こういう風に年をとりたいと思う。緊張感を失わず、人前ではだらしない格好をしない。けじめのある生き方からきている美しさなのだ。

素敵な女性は人が見ていない時こそきちんとする

私は若い頃、何枚も鎧《よろい》を着ていた。自分を守っているつもりで、心を見せることができなかった。

大人につっかかったり、抵抗したり、若さからくる気どりとうぬぼれもあった。

本人は、窮屈で窮屈で早く鎧をぬぎたいとは思うものの、できなかった。

大学時代も、自意識だけ強く、持てあましては、出口なしの状態で堂々めぐりしていた。

年をとるにしたがって、鎧を一枚ずつぬいで自由になった。今では、ほとんど鎧は残っていず、時折その破片を見出すくらいになってしまった。

ざっくばらんに、自由になったということだろう。

私のことを「気っぷがいい」とか、「竹を割ったような」という人がいるが、ごく最近のことで、それまでは、自分を持てあましていることの方が多かった。

若い頃の私を知らない人には、鎧はもう見えないかもしれない。

私はそのことを少し淋しく思う。身を守っていた自分も愛おしく、若さの特権だったと思うからだ。

友人たちは、学生の頃から青春を謳歌しているように見えた。青春は私にとって美しいものでも何でもなく、どうしようもない自分を持てあます、辛くとんがった時代だった。

若い頃からざっくばらんで心をさらけ出すということに私は賛成ではない。若いということは、未完成の自分をかばって鎧をつけ、背のびをすることだ。当然あちこちで衝突する。そうした時期が全くなかったという人を信用できない。

悩み考え、とまどい、ぶつかり、自己形成するためにはやむを得ない、へなければならない関門でもある。そこを過ぎた人と、関門のなかった人とでは後々ちがってくる。若い時は、緊張のかたまりなのだ。新しく出会うこと、出会う人に、いつも身構えている。緊張の中で、考え、悩み、何かをつかんでいく。

その過程こそ大切なのだ。傷つき、矢折れた自分がいる。その中から一つひとつ自分で考え、感じ、選び取り年を重ねる。

その結果ざっくばらんになるのならいい。

いや、それでも気どりは必要だと思う。まわりの人からどう見えるか、気にするのではなく、他からの目を自分の中に持つこと、自分を客観視することは大切だ。

それがなくなると、仲間うちにしか目がいかない。家族、友だち、その中しか見ていないと、はた迷惑もはなはだしい。「人様御迷惑」という気持ちを忘れないこと。言葉を変えれば社会性である。社会の中の一員である自覚が、自らを律することになる。

日常の中で気をつけておかないと、知らぬまに忘れてしまう。

小林ハルさんのように、人が見ていない所でも、きちんとすること。

私もかつて放送局時代は、家にいる時ぐらい一番ラクな服装でいたいと思ったが、今は家で食事をする時も、きちんとした格好をするくせをつけている。

自分の暮らしにメリハリをつける。作家の向田邦子さんは、原稿を書く時もっとも上質の着やすい仕事服を身につけたという。誰も見ていなくとも、自分にカツを入れるための演出だったのだと思う。

第三章

言葉はその人のすべてを映す

7 言葉を吟味する

何気なく使っている言葉を心に照らし合わせてみると

黙って座っていると美人だが、口を開いたとたん幻滅というケースと同様、黙っていれば紳士だが、一言喋ったとたんお里が知れるということがある。

言葉は自己表現の手段である。言葉でその人の感受性、考え方が大体わかる。隠しようがない。詐欺師は口がうまく、舌先三寸で人を乗せる。だが、どこか信用できないものがある。いかにも詐欺師を絵にかいたような男が、何億円もまんまとだましとっているのを見ると、人を見る目の大切さを教えられる。上っすべりな言葉にだまされてはいけない。

言葉が心の奥から出ているか、自己表現しているかを見さだめなければいけない。

男と女の間も、だましたの、だまされたのとよくあることだが、甘い言葉にほだされて、本意かどうかを見る目を見失ってしまった結果だろう。

言葉で表現されたものは、実体をあらわしていなければならないはずだが、かっこいい言葉や、耳ざわりのいい言葉を自分の心や考え方と矛盾していないかどうかを考えず使ってしまうと、言葉だけが一人歩きして、実体がともなわず、空疎な言葉になる。

愛という言葉をはじめて詩に使ったのは、石川啄木だという。妻になる節子への思いを「愛」とよんだ。「性愛を含み性愛を超えて、心も体も自他融合一体の状態をさしている」ことだと詩人の中村稔氏は、『人間に関する断章』の中でいっている。

だが啄木の愛は、結婚をへて枯れてしまう。なぜかというと、その愛が節子という女性の社会的犠牲の上に成り立っていたからであり、そのことに思い至らなかった。

理想の愛のようにいわれる高村光太郎と智恵子の愛にしても、二人の間に燃えあがったものだったが、結婚をへて智恵子が「内に抑えていたもの」によって徐々に蝕まれ、やがて狂気に至ることを考えると、光太郎がうたいあげた愛も、実体をともなわないものに変化していったのではないか……。

そこには「愛」という言葉の持つあいまいさがある。

「愛」あるいは「愛する」と私たちは、何気なく使っているが、これぐらいあいまいな言葉はない。愛、愛と氾濫しているけれど、自分が「愛」という言葉を使う時、何を指しているのかを検証してみなければならない。

私は「愛」とか「愛する」という言葉を使わない。その実体が自分の中でつかめていないし、こそばゆいからだ。

言葉は自己表現の手段だ。自分の中で把握できた、身の丈に合った言葉を使いたい。「愛」を使うにはためらいがあるが、「恋」は自信を持って使うことができる。ほんとうに恋したことがあり、その状態を表現することができる。「恋する」は何のためらいもなく、くすぐったさも感じずに使うことができる。

そうでなければ、言葉によって逆襲をうけることになる。

啄木や光太郎のような言葉の達人にしてそうなのだ。はっきりと愛の正体を見ずに使ったり、一方的に自分の側だけの感情で、愛は成り立たない。

「愛」という言葉によって啄木も光太郎も見事にしっぺ返しをくうことになる。

言葉は自己表現の手段であると同様に、その言葉を使うことで、自分が試されていることを知らねばならない。

言葉探しは自分探し

言葉の逆襲ということを考えてみたい。

詩人は、感じたこと、考えたことにぴったりした言葉を見つかるまで探すという。

万葉集の相聞歌《そうもんか》などでも、男と女の恋心をうたった歌は力がある。本心が言葉にあらわれているからだろう。

言葉のはじまりは、女が男を求め、男が女を求める、もっとも素朴で、根源的な所からはじまった。

だから、その時代の言葉には力がある。ところが、時代をへて、素朴な表現だけでは立ちゆかなくなった。心の綾《あや》を、細かに表現しなければ、相手には伝わらない。

言葉を探すことは、考えることである。今の感情、思いにぴったりした言葉は何か。心に問いかけ考える。言葉探しは、自分探しでもある。自分の心を確かめるための大切な過程なのだ。

考えぬかれた言葉を喋ることのできる人は、重みがある。表面だけいくら言葉を連ねてみても、むなしい。

言葉の重み、言葉の責任といったものを考えてみたい。

いいかげんな表現をしたら、相手にはいいかげんにしか伝わっていないと思うべきだ。世の中、いいかげんな表現だけでも生きていけないわけではない。いつもあいまいな抽象的な表現をしていると、それだけで事足り、自分の気持ちが伝わったと錯覚するだけで、相手には何も伝わってはいないのだ。

それを伝わったと思って、また考えなしに言葉を喋る。考えずに、言葉だけを連ねる結果になってしまうのだ。

言葉は人間にとっての自己表現の手段であるはずなのに、その手段をいいかげんにしておくと、言葉の逆襲がはじまるのだ。

お天気博士として有名だった倉嶋厚氏は、奥さんがガンで入院し、あと二十四日と告げられた時、ひとりになったらどうしたらよいか途方にくれた。今まで生活は妻まかせだったから。妻の気持ちを考えるより、銀行の通帳だの書類を妻に説明してもらうことでいっぱい。時々「愛してるヨ」というが、妻から「愛するってこういうことなの?」といわれてしまう。言葉に逆襲されたのだ。

「沈黙」の意外なプラス面

間《ま》の効用ということを考えたことがあるだろうか。

考えて話そうとすれば、自然に間ができる。間があくのを恐れて、喋り続けていれば、言葉は空疎になる。

考えている間《ま》は生きている。心配はいらない、ゆっくり考えていい。間が生きていれば、相手もきいてくれるだろう。

立て板に水の話がうまい話だと思ったら大まちがいだ。間があこうと自分に忠実に話そうとする方が信頼できる気がする。政治家でいえば「あーうー大臣」といわれた大平正芳首相は典型的な訥弁《とつべん》だったが、読書家であり、よく物を考えていた人物だった。

言葉は魔物であるといわざるを得ない。その魔物につけ入られることのないよう自分の言葉は自分で制御しなければならない。

話す時、大きく息を吸い、一拍おいてよく考えたい。これが言葉に対する礼儀であり、裏切られないための方策だ。

反射神経だけで面白おかしく喋るくせをつけていると、いつかしっぺ返しにあう。自分の心に問う間もなく、いたずらにペラペラ喋っている時が危うい。いわずもがなのことを口走る。しまったと思ってもあとの祭りだ。口から出た言葉には責任を持たざるを得ない。自分の言葉なのだから。

ハイになって話している時、私はつとめて間をとる。すると落ち着いてくる。

今までにない間があったわけだから、きき流していた相手も、おやとこちらを見、また新しくしっかりきいてくれる。それからまた話しはじめればいい。

あわてることなかれ。自分の心への問いかけを忘れてはならない。沈黙はそのための時間なのである。

8 感動を存分に伝える

感動を言葉にできる喜びをとりもどす

感じたこと、考えたことは、何かの形で表現したい。

文字に書くもよし、絵にかくのも、歌にするのも、表現の方法は数限りなくある。内面を極限までつきつめ、美的表現として出したものが、芸術である。

何に表現するのがよいのか、自分に向いているのか、たいていの人は模索する。三、四歳から絵をかいたとか、ピアノを弾いたとかと、天才と呼ばれる人たちもいるが、ごく限られている。模索を続け、模索しながら一生を終えることもある。

模索こそ大切なのだ。自分に問いかけ、悩み、解答の出ぬまま時がすぎる。中学・高校と自分の感受性を持てあまし、それをどう表現していいのかわからず、大学時代には、私も出口なしの状態に追い込まれた。辛かった。高田馬場からスクールバスに乗り、早大正門前で降りて、階段を雑踏にまぎれてのぼる時、他の学生たちは、みな輝いて見えた。信念を持って学生運動に身を投じたり、楽しげにクラブ活動にうち興じる中にどうしても入れなかった。一人疎外感を抱きながらうつうつと出口のない自分をかかえていた。

友人に誘われ、「砂城」という同人誌に入り詩を書くつもりだったが、喫茶店で行われる会に顔を出すものの、一度も詩を発表しなかった。自信がなかった。自信はあったが、他へ発表する自信がなかった。私の中では、他と自分との間に高い壁があり、それを乗りこえ、あるいは壊すことが怖かった。自分が壊れてしまうかもしれないもろさをかかえていたのだ。

外界とかかわりあうのをやめるかわり、徹底して自分とつきあってやろうと思った。

大学を卒業してNHKのアナウンサーになり、現実と直面し、壁は壊された。存分につきあっていた自分の内側が一気に奔流になってほとばしった。日常人と話すのは苦手だったが、開き直ってマイクの前や、舞台で話をすることは、平気だった。好きも嫌いもいっていられなかった。

そして悟ったのだ。自己表現の中で、一番誰にでもできてててっとり早いのは、言葉に表現することだと。

何気なくやっているので、話すという自己表現を見のがしがちだ。

活字の仕事が希望だったが、全く募集がなく、就職難のおり、稀有なる確率で放送局に入れただけで幸運だった。自分の仕事となった言葉で自己表現をする勉強をしよう。話し言葉ではあるが、同じ言葉という点で、書き言葉とも通じる。

人間がはじめて言葉を発した時、どんな思いが込められていたか。古事記の最初の記述、天から男女二柱の神が地に降り立った。いざなみといざなぎである。

大きな柱のまわりをまわって出会った所で女神いざなみがいう。

「あなにやし、えおとこを」

(なんていい男なんでしょう)

心の奥から滲《にじ》み出た表現だ。自分の気持ちをこれくらい率直にあらわした言葉はない。

「あなにやし、えおんなを」

(なんていい女なんだろう)

答えて男神のいざなぎがいう。

そこで二人は結婚し、国を一つずつ生んでゆく。

自己表現を言葉にあらわしたところから天地開闢《かいびゃく》、日本の歴史がはじまるのである。

もし二人の神が言葉にあらわさなかったら、言葉という表現を持たなかったら……。言葉は人間の手にした最大の文化である。この言葉で存分に自己表現をすることこそ、手近で誰でもできる方法なのだ。

私たちはどうやって言葉を憶えたか、よちよち歩きでやっと言葉を知った子供たちの楽しげなこと、あらゆることに貪欲で、まわりのものに興味を示し、父母や近くの人間の表現、そしてテレビやラジオから流れる言葉をきいて、一つずつ憶えては、ためらいもなく使ってみる。楽しくて仕方ない。

赤子の時から、嬉しさ悲しさといった感情がある。それを表現する手段を持った喜びを、私たちもとりもどしたい。

話すたびに目を輝かせることができたらどんなにいいだろう。話す言葉の中に、自分の考えたこと、いいたいことをあますことなく表現できたらどんなにいいだろう。伝えたいこと、感動や考えが自分の中にあることは幸せだ。

心をつかむ一言は何がちがうのか

言葉は人である。その人の言葉をきけば、たいていのことがわかる。どんなに能弁であろうと、詐欺師にはうさんくささがつきまとうし、どんなに訥弁であろうと、自分の思いを伝えたいと願っている人はわかる。

よいインタビュアーとは、相手の話をよくきくことが条件だ。自分のきくことにだけ気をとられていては駄目だ。相手のペースに乗ったふりをしながら、自分のききたいことをその中にはさみ込んでいく。じっくり待てば中味のある人からは中味のある言葉がきける。

私は長い間、仕事でインタビューをしてきたが、年をとった今が一番いいインタビューができるのではと思っている。若い時は、気ばかりあせってつっかかっていく。インタビュアーは若い人にはなかなかむずかしい。

同様にインタビューをして面白いのは、自分の道で、ある程度実績を重ねた年代だ。若い人には語るべき蓄積が少ないが、どんな人でも人生を歩む間に、語るべきことができてくる。人生経験の中で見たこと、きいたこと、考えたことである。

それが言葉となって押し出されてくると、説得力を持つ。多弁でなくていい、きらりと光るその人なりの感性や考え方を見つけた時は嬉しい。

話し手となった場合、自分にそれができているか。かつてはアナウンサーという職業柄、間《ま》のあくことが怖かった。その間に耐えられる自分ができていなかった。今は間があっても恐れない。落ち着いて、自分の言葉を探す。

自分の今の感情、今考えていることにぴったりした言葉を。

テレビやラジオの影響か、間のあくのを恐れる傾向が一般にある。子供たちの間でもお笑いタレントよろしく座持ちのいいのが人気者になる。

立て板に水がはやるが、それは言葉のたれ流しにすぎない。うまいことというなあと感心はするが、その場かぎりで心に残らない。流れ去っていくのみ。

心に残る言葉は、よく練《ね》られた言葉である。磨きぬかれた言葉が人の心をつかむ。

コマーシャルから出た流行語など何気なく見えて、考えぬかれ、会議をくり返し、そのあげく、浮かんだ言葉である。その裏には多くの時間が費やされている。

書き言葉と話し言葉は、ちがいはするが、書き言葉の方が無駄をはぶき、考える作業が多いだけに、言葉が練れている。きらりと光る、印象に残るものになるのだ。

タレントの中でも、たけしやタモリといった人たちは、ふだんべらべら喋らない。喋った後は黙っているし、その時間は多分考えているのだ。

一度頭を通過しているからこそ、人の心に訴えかけたり、面白かったりする。単なる条件反射ではすぐ飽きがくる。新しいこと、面白いことを考えぬく作業は外には見えない。

言葉の貧困は精神の貧困に通ず

「きれい」「かわいい」「すごい」……、何を見ても発せられる言葉が同じだということは、言葉の貧困さをあらわす。言葉の貧困は、その人自身の精神の貧困さである。それしかいえない自分を恥じなければいけない。

なぜ同じ表現になるのか。何も考えないからである。この風景はどこが心に残るのか、雲なのか、緑の山なのか、自分の心にどう映ったのか、見ている自分の今の心の状態は、どうなのか、表現する前に考えてみよう。

道を歩く。梅が咲いている。まだまばらだが、よく見ると枝の先の方から開いている。そうか、お日さまに近い方から開くのだ。と思ったらそれが自分の見た梅なのだ。

「太陽に近い梅からほころびて」

という句をつくった友人がいるが、確かにそんな気がしてくる。よく考えると、枝の上と下でお日さまに近いか遠いか、差があるとは思えないが、感覚は充分に伝わってくる。

「かわいい」という言葉も若者がよく使う。単なる合の手なのかもしれないのだが、見かけた猫のかわいさを表現するには、何も伝わらない。黄金《こがね》色に輝く瞳なのか、人にすりよる仕草なのか、ピンク色の掌《てのひら》なのか、なぜ表現しようとしないのだろう。「かわいい」ですべて事足りる。「かわいい」以上の表現を考えないから、考える能力は低下する。自分が見たきれいさ、かわいさを伝えたいと思えば、何といったらいいか表現を探すだろう。

その能力を使わないと、どんどん衰えていく。考えるくせをつけないと、自分の中にある表現能力は永遠に埋もれてしまう。人間の脳細胞は、他の動物に比べて数多いのに、使っていない。遊休細胞が多すぎるそうだ。

自分はそれでいいとしても、困ったことに人に通じていないのだ。少なくとも言葉を発したからには何かを伝えたかったのだろう。それが漠然としか伝わらぬ。

「きれい」――というからには「汚くはない」。

「かわいい」――というからには「憎らしくはない」。

と、その程度しか伝わっていないのである。

テレビの旅番組がなぜつまらないか。案内役として登場するタレントの感動が伝わってこないからだ。

ありきたりの表現しかないから、ありきたりの風景としか感じない。ほんとうに感動したらなんとか伝えようと言葉を考えるはずだ。

食べ物の番組にいたっては、「おいしい」「すごーい」しかきこえてこない。味を表現するくらいむずかしいことはない。だからこそやりがいもあろうというもの。

NHKのBS放送で琵琶湖の鮒《ふな》ずしを取材したことがあった。最長は三年もの歳月をかけてつくられるなれずしの一種で、酒の肴《さかな》として今では高級品だが、好きな人はたまらず、嫌いな人はよけて通る。

チーズのような熟成した味は何といったらよいか、考えに考えた末に、私は「頽廃《たいはい》の味」と表現した。爛熟してやがて崩れる一歩手前でからくも踏みとどまっている味、頽廃した美しさと美味をかねそなえている孤高な味である。

その意味が伝わったかどうか、少なくとも「おいしい」よりはわかったはずである。

考えなければ言葉は出てこない。道を歩いても、電車に乗っても、ぼんやりとでも考えているかどうか、それが言葉をきめる。

今の暑さをなんと伝えよう。背中の汗でTシャツに地図ができたといえば伝わるだろうか。それとも……考えることに意味がある。

考えてそれを表現するのが言葉である。言葉と人は表裏一体である。表現しようとしないと、考える必要がないから考える力が衰えていく。

きれい、かわいい、といった類《たぐい》の言葉でも生きていけなくはない。それだけで過ごしていると、自分の表現能力も失ってしまう。

言葉は自己表現の手段なのに、うっかりしていると手段であるはずの言葉から自分がきめられてしまう。

いいかげんな表現しかできない人は、いいかげんな人につくりかえられてしまう。いやなことしかいえない人はいやな人になるだろう。

表裏一体であるだけに無意識に使っていると恐ろしい。意識して言葉を使おう。意識したら喋れないという人がいるが、自分の言葉を司《つかさど》っているのは自分であることを忘れずに、神経を使い、頭を使って表現する。話すことの苦手な人でも楽しくなるだろう。

私自身もそうやって克服してきた。多くを語らずとも、自分の頭を一度通った言葉が自分の言葉だ。

きれい、かわいい、すごいの上に「超」をつけ「チョーきれい」としかいえないと、それしかいえない貧しい人間になり下がる。

9 いいわけはしない

いいわけをしない美学

「五輪の雰囲気は特別で、自分の力が出せなかった」

「自分の今の状況では、まあまあかな」

「うまくいかなかったから、こんどの試合、がんばります」

かつてソルトレークで行われた冬のオリンピックに出た後、ほとんどの選手は、似たような答えだった。どこかにいいわけめいたものがのぞいている。

その中で二人はちがっていた。

スピードスケート五〇〇メートル銀メダルの清水宏保選手。

「負けは負け。腰が痛いのはいいわけにならない」

スキー・ジャンプ、長野の金メダリスト、船木和喜選手。

「駄目ですね、もっと結果を出せなければ」
二人とも、切って捨てるように、自分の敗北を認める。結果が出なかったのは、自分のせいなのだ。一流の中でも本物の選手はいいわけをしない。会場や天気や体調など関係ない。すべての責は自分でとる。潔《いさぎよ》さがある。駄目は駄目と認める。清水選手など、それでも銀だ。彼には金以外負けなのだ。船木選手は、スキーの長さやルール改正で日本選手が不利になったことなど一言もいわない。「駄目なものは駄目」と自分がすべてを引き受ける。その悔しさが、力を生む。刃は自分に向けているのだ。

マスコミ受けのいい選手などは、にこにことまわりにスマイルを振りまいて、無駄な言葉を並べたてる。人気があっても、こういう選手は超一流にはなれない。人にばかり目配りして、自分に刃を向けないからだ。

船木も、清水も決して愛想はよくなかった。インタビューに答える清水はいつも自分に問いかけるように喋っていた。

船木は、長野五輪では、ほとんど喋らず、本質的な問題には、きっちり批判もしてみせた。

私はそれを見てすっかりファンになり、自分の心と対話し続ける孤独なジャンパーの美しさに拍手した。

愛想など振りまく必要はない。自分との厳しい対話から逃げてはならない。私たちはそこに美学を見ているのだ。


運動の選手だけではない。誰だって同じなのだ。一度いいわけをはじめると、際限なくいいわけに流れていく。いいわけとは自分で責任をとらないこと。一度逃げてしまったら、次はもっと逃げなければならない。潔く負けは負け、駄目は駄目と認めてこそ、次へつながる。


いいわけをする人は美しくない。自分の中に責任を引き受けている人は美しい。

かつて女は、「だって」だの「でも」だのといいわけをするといわれた。甘えてすむと思ったら大まちがいだ。自分で非を認めないから次にもまた同じ過ちをする。一度は仕方ないとしても二度も同じ過ちをするのは、自分で責任を引き受けないで転嫁してしまうせいだ。自分が一番知っているはずなのだから、静かに自分の中で苦渋を噛みしめればいい。

放送局に勤めはじめた頃、私は、絶対いいわけはしないと自分にきめた。読みまちがいも自分の責任、電車が遅れて遅刻だって、もっと早く出ればよかったのだ。責任は自分で引き受けねばならない。

国会での官僚の答弁など、自分の非を認めようとせず、全員が口裏を合わせる。いいわけ体質が蔓延《まんえん》している。

他人のことばかり話していませんか

自分で責任をとるためには、まず「私は」「僕は」という一人称で話すことが必要だ。「私は」といったからには、責任転嫁はできない。私がどう思うか、どう考えるか、自分の意見をいわざるを得ない。

日本語には主語がないとはよくいわれることだ。文学作品を見ても、主語がなくても通じてしまう。なんとなく察する、想像するというお互いの腹の探りあいで、なあなあで終わってしまう。

「私は」ときり出すと、きちんと論理だてて自分の意見をいわなければならない。いったからには、責任をとらなければならない。

女性の会話には、「私は」がない。そのかわり、他の人が主語になるケースが多い。「隣の奥さんが」「友人の○○さんが」、他人が主語であるから、「誰それがああいった、こういった」という噂話になる。

他人を気にしている証拠だ。「自分はこうだ」という意見がないのかと思ってしまう。自分で責任をとりたくないからだととられても仕方ない。

恐ろしいのは、他人を主語にして喋っていると、自分の考えがなくなってしまうことだ。「私は」ときり出すからこそ、いやおうなく自分の考えをまとめなければならないが、他人が主語だと、自分で考えられなくなるのだ。

思いを語っていくうちに、私はこういうことをいいたかったのだと突然悟ることがある。言葉にする中で、考えを再確認することは、よくある。

だからこそ、「私は」とはじめたい。

学生時代の友人が外国人と結婚、アメリカに住んでいる。久しぶりに会ったら、政治に関しても社会に関しても、意見をきっちりいう人になっていて驚いた。

日常の暮らしの中で、日本のようにあいまいにはしていられない。意見をいわねばならず、考えをまとめる。英語では「I《アイ》〜」とはじめなければ、話は続かない。他人の意見に隠れたり、同調するのではなく、自分の意見を探して発言し、他と異なることが必要なのだ。

自己主張しなければ生きられない社会の中で見事に彼女は変身していた。

自分の意見に責任を持って丁々発止と火花を散らしてこそ会話は楽しい。ディベート(討論)も成り立つ。子供の頃からディベートの訓練をしている欧米と、日本の子供を比べると、責任のとり方が変わってくると思える。子供の頃から「私は」とはじめたい。

同じことなら、「わたしは」よりは「わたくしは」といってみてほしい。

これはと思える人はたいてい自分の意見をいう時「わたくしは」という。最近何でも縮めて手短にいうのがはやっているが、面倒でも「わたくし」といってみよう。

「わたし」とはじめると、話が流れていってしまう気がするが、「わたくし」とはじめると、「く」が入るだけで、落ち着いて、自分の気持ちに問いかける余裕ができる。

問いかけつつ、自分の考えをまとめ言葉を探し発言する。自然に、自分のいったことに、責任を持つ破目になる。

くせがつくと、いやでも、自分で物を見、物を考え、自分で選ぶという自主性が出てくる。他人のことばかり話して、無責任な一生は送れなくなる。

「奥さん」「おばあちゃん」と呼ぶのはもうやめよう

人には名前がある。名前は個人をあらわす。同姓同名の人もいるが、馴れた自分の名は自分のものだ。

下重暁子、この変わった苗字が子供の頃大きらいだった。誰も「しもじゅう」とは呼んでくれない。「しもしげ」だの、「げじゅう」だのと、当時関西にいたので、略して「しもやん」などと呼ばれると、「おてもやん」になった気がした。

成長してみると、この名がぴったりしてきた。これ以外、私の名は考えられない。ペンネームを考えるが、やっぱりこれでいいということになってしまう。この名前は私を体現しているのである。

きちんと名前を呼ばれると嬉しい。つれあいの姪《めい》の子供の朱夏《あやか》に、私は「暁子さん」と呼ばせている。「おばちゃん」や、「バーバー」には返事をしない。つれあいのことを、彼女は「ジージー」というが、私には「暁子さん」と憶えてしまった。今は早稲田の大学院生になったが相変わらず「暁子さん」と私を呼ぶ。

最初から「ジージー」「バーバー」では私たちは顔のないジジババになってしまう。私はいやだ。私は「暁子」という人だと認識してほしい。

同様に、ママ、パパ、お母さん、お父さんといういい方にも問題がある。子供にとってはたしかに父、母にちがいないが、夫婦までがそれを真似て、パパ、ママと呼びあっている。子供の父兄たちも、「○○くんのパパ」「○○さんのママ」。

これでは、○○くん、○○さんという子供は確認できるが、その父母の個がわからない。毎日の習慣だから、知らぬ間にそうなってしまう。かくいう私だって、姪が我が家に来て「おじちゃん」とつれあいを呼ぶので、私にも移って「おじちゃん」と呼んでいた。今さら名前を呼ぶのもてれくさいので、「君《きみ》」といってすませているが、やはり最初から名を呼ぶべきだった。

「奥さん」といういい方や「○○夫人」という言葉にも人格がない。○○さんの奥さんなのであり、○○夫人であって、あくまで夫の所属物。夫がえらくなると自分もえらいと錯覚する。

昔から夫婦別姓がいいと思っていて、仕事上は私の名は変わっていない。しかし戸籍上は夫の姓になっているのが釈然としない。パスポート、健康保険、めんどくさくて仕方ない。しかもどこにでもある苗字ときては使いたくない。私の死ぬ前に夫婦別姓の法案が通ってくれないと困る。私は下重暁子として死にたいのだ。

女の身にしたらどんなに迷惑か男は気がつかないらしい。

きちんと名前で呼ばれるとどんなに嬉しいか。私の行っているスポーツクラブに働く受付やインストラクターすべてが客の名を憶え、名を呼ぶ。もちろん私は「下重」で通っている。その気持ちのいいことといったらない。

躾《しつけ》や社員教育がきっちり行われていることを思わせる。自分の名を大切にするように、人の名を大切にしよう。それは他人の人格を大切にすることでもある。

テレビを見ていると、お笑いタレントや落語家が司会やインタビューをしている。

「そこのおばあちゃん」

「おじいちゃんは元気?」

などと気安くおじいちゃん、おばあちゃんといっている。

いわれた方も、別に気にもかけず答えてはいるが、私だったら見ず知らずの人に、おじいちゃん、おばあちゃんとなれなれしくいってほしくはない。そうした問いには答えない。

何と呼ぶのか、むずかしい問題だが、私なら、まず、「お名前を教えて下さい」ときく。

そして、名前を呼ぶ。おじいちゃん、おばあちゃん、御主人、奥さん、役割分担で呼ぶのはやめよう。もっと個の顔を持ちたい。

第四章

人づきあいは媚びず期待せず

10 人の気持ちになってみる

仲間の目しか気にしていない人の迷惑

山手線に恵比寿から乗ると、五人組の奥様たちが乗ってきた。服装にしろ持ち物にしろおしゃれをしている。

前の席にずらりと並んだ。四人の空席だから一人立つことになる。お互いにゆずりあってなかなかラチがあかない。後から乗って来た人たちの邪魔になるのも気付かず、「どうぞ」「あら奥様こそ」とやっている。

いつまでやっているのか見ている方がいらいらしてくる。こういう時はさっさと座る。遠慮は迷惑なのだ。遠慮は美徳ではない。

やっと座る人がきまった。やれやれと思っていたら、立った人の荷物を「私が」「いや私が持つ」ともめている。

彼女たちには、他の人の視線は全く入っていないのだ。右から二番目の人が持つことにきまって、今度は、お喋りがはじまった。五人が参加するわけだから、端に座った人は、身をのり出しほとんど斜め座りになっている。前から見ると、立っている人も含めて輪になった感じで、子供のこと、おしゃれのこと、友だちの噂、とどまるところを知らない。前をふさがれて、ついに原宿で降りる人が乗りこしてしまった。

「あらいけない」と気付くと、「ごめんなさい。私がお喋りしてて」「いいえ、私が気付けばよかった」と話は堂々めぐりで、全員新宿で降りていった。

なぜ、あんなにめんどくさいんだろう。どうでもいいことを、ああでもない、こうでもないと、それがないと会話が成り立たないのだろうか。シンプルに、必要なことだけいって、後は黙っていられないのだろうか。

彼女たちに見えているのは、自分たちの仲間だけ、他の電車に乗っている人たちの目は気にならないらしい。

ひどいいい方かもしれないが、電車の中でお化粧している若い女性と感覚は同じだ。他の人の目を考えない。

今自分がどこにいるか、場所と時間と立場、いわゆるＴＰＯが心に入っていない。

全体を見て、今の自分を考えることがない。自分の置かれた場所や雰囲気を考えて行動しない。自分たちだけが社会であるかのように。

社会性がないといわれても仕方ないのだ。

沢山のちがう人々が生きる社会の中での自分の位置を知り、人に迷惑をかけないことが大切だ。

私は母からいくら自由に生きてもいいが、他人様に御迷惑をかけてはいけない。最低限必要なルールだといわれて育った。

自分を通して生きてはきたが、一番いやなことでしてはいけないことは、人に迷惑をかけることだ。

男は社会的人間として長い間生きてきたから、訓練ができている場合が多い。男はいつも自分の社会的立場や位置を確かめながら生きているといわれる。男でも傍若無人、あたりかまわず、仲間うちだけで大声でというケースも最近は、増えてきた。男も女も自分の置かれたTPOを確かめて行動したい。

女の方がお喋りに見えるのは、余分な言葉が多いからだ。必要なことだけいって余分なあいさつやお世辞をなくしたい。

電話でも、前置きや「それじゃ」といってから後が長い。社会で仕事をして来た人は、手短で簡潔だ。

タクシーを降りる時、料金の数字を見てから財布を出すのも女が多い。前もって用意しておけば、もっと早くスムーズにいくのに。

全体を見る大切さ

男は自分の社会の中での位置を常に確かめながら生きている。会話の中でも、上司、部下、同僚との距離をはかっている。長い間のタテ社会の影響だろう。

要領がいいし、いざとなると仲の悪い連中でも協力しあう。

会社という社会の中でどう生きるか、組織の中で社会性を養う機会が多いのだろう。

だが下手をすると、組織でしか生きられない会社人間になるケースも多い。いつもまわりを見て、自分のすることをきめていては、ほんとうに自分はこうしたいということが見えなくなりはしないか。

まちがっていると思っても、組織のため、上司のいいつけということで、やらざるを得なかったり、自分の思いをまげてしまったり。

会社ぐるみの犯罪など、気がついていても、自分の立場を考えるとものをいわなくなる。全体を見ることもなかなかむずかしい。

私は、テレビやラジオの報道や教養番組の審査をすることがあるのだが、ドキュメンタリーなど、社会の問題をえぐり出して対象にせまる作品に女の優れたつくり手が多いことに気付く。

かつてはドキュメンタリーなどの硬い番組には男のつくり手が多かったが、今は女の方が優れている。ＮＨＫは別としても、民放では、キー局は面白おかしい軽めの番組が多く、視聴率ばかり気にしているが、地方局では、真面目に本質にとり組むドキュメンタリーもつくられている。

なぜ女の方が優れたドキュメンタリーのつくり手たり得るのか。

女の場合、会社での出世や、肩書にこだわらず、よい仕事をしたいと思う。

私の知人の重役や副社長など、組織の中で、いわゆる出世をした女性たちにしても、仕事が好きで、一途《いちず》にやっているうちに結果として役職についたというケースが多い。

男の場合は、組織の中の上をめざして努力する結果が多く、女の場合と逆である。女と男と仕事の仕方はちがう。

ドキュメンタリーの場合は、取材の対象に立ち向かっていく勇気がいる。さまざまな邪魔も入るし、会社の中で上司の意見を気にしたりしては、やっていけない。

女の場合、よくも悪くも、一途に対象に向かっていく。利害関係や、自分の会社の中での位置や出世を気にして、手びかえたりはしない。

男の方が、人の意見を気にして、取材の手をゆるめたり、妥協したりしがちだが、女は怖いもの知らずで突進する。自分が疑問に思ったこと、なぜだろうと思うことに突っ込んでいく。その結果、すぐれたドキュメンタリーに仕上がることが多いのである。

男の場合、それをつくったために左遷されないかとか、相手に敏感で、自分の置かれた立場を考えすぎるために、行動できなくなってしまう。

女は、出世の妨げや、左遷など気にせず邁進できる点、幸せかもしれない。

社会の中でいえば、自分から発し、まわりを気にせず進む女の美点と、全体を見て、自分を考える男の美点がまじりあえば、新しい価値が生まれてくるかもしれない。

全体を見て自分をふり返るのも大切だが、自分から発して全体を変える、全体に影響を及ぼしていくことも、これからの社会では大切だろう。

想像力を養うニュースの見方、読み方

まだテレビの仕事が主だった頃、事件の取材をすることがあった。日本テレビの「テレビ三面記事」というワイドショーのはしりのような人気番組だった。

私は、堅いネタを取材することが多かったのだが、たまに殺人事件や火事などの現場へも行った。関係者にきいて歩いた時、ある現場で被害者の親戚の人にこういわれた。

「こんなことが自分の身近に起こるとは、思ってもみませんでした。事件や事故はテレビで見るもので、自分がその中に巻き込まれることがあるなんて……」

たいていの人は、毎日のように起きる事件をそういう目で見ているのだと知らされた。

自分の身近に起きるか、自分が巻き込まれない限り、他人事なのだ。毎日ワイドショーをにぎわせる事件や噂話は、自分と関係がないから見ていられる。あくまでテレビの中の出来事で、その限りでは安全なのだ。面白おかしく第三者的に見ていられるのは、関係がないからなのだ。

私は、テレビのワイドショーの番組や週刊誌をにぎわす事件の記事を見るのがあまり好きではない。他人事とは思えないからだ。週刊誌の噂ネタにしても、自分が渦中になったこともあり、その裏側も多少はわかっているから、その時のことを思い出し、あまり気分

がよくない。

多くの人々は、事件や噂を、自分と「関わりのないこと」として無責任に受けとめているのだろう。だからこそ面白おかしく見たり、読んだりできるのだ。

ひとたび自分の身に起きてみると、もはやそんなことはいっていられない。あれはテレビの中の出来事ではなく、現実の出来事だと気付く。

そして明日は我が身だと知ることになる。

自分の身に起こってはじめて、想像が出来るのである。事件の被害者の気持ち、そしてなぜその事件は起きたのか、犯人にも何かわけがあったのか、もはや他人事として見ることはできない。

どんなに悲惨な事故も、どんなに残忍な犯罪も身近に起きないという保証はない。明日は我が身なのである。

そういうニュースを見るたびに、自分ならどうするだろう。どう行動するか、どう考えるか、想像してみる。そして当事者の気持ちを察する。

テレビの中の出来事は、自分と関係がないのではない。いつ自分の身近に起きても不思議ではない現実なのだ。

「テレビは今という現実だ」というが、ほんとうの現実と思うのではなく、距離があって疑似現実なのだ。現実であっても自分の現実ではないのだ。

そのあたりをよくわきまえてテレビを見たい。新聞を週刊誌を読みたい。疑似体験ではあるが、そのことが想像力を養ってくれる。

自分に無関係と考えるのではなく、いつ自分が巻き込まれてもおかしくない。身近に起きるかもしれないことと考えて、ものを考えるくせをつけたい。

人の気持ちになる、想像力を身につければ、自分だけよければという態度にはならないだろう。

11 異性の友から学ぶ

女同士はやめて男を誘おう

男は女を意識する。女は男を意識する。死ぬまでそうありたい。色気といってもいいし、艶《つや》といってもいい。それをなくしたらおしまいである。決して、異性に媚《こび》を売ることではなく、相手に頼ることではなく、適度の緊張感を持ち続けたいということである。

なぜ、連なっているのが美しくないか。同性同士の気安さがそうさせる。女同士であると恥も外聞もなく、仲間うちだけの会話になって外が見えない。

女だけかというとそうではなく、男の団体もいただけない。ゴルフ帰りのおじさんたちがドヤドヤと列車に乗ってくる。ビールを飲み大声でその日のゴルフの成績にはじまって上司や同僚の悪口。いただけない。バーや飲み屋でもこういう風景によく出会う。若い男性たちが電車に乗ってくる。サラリーマン特有の会話。高校生なども男ばかり連なっていると、なんとも恐ろしい。

適度に男と女がまじっていると、緊張があるせいかへんな崩れ方はしない。

出かける時は出来れば同性を誘わないことだ。必ず異性を誘っていく。女は男を、男は女を。

テレビや雑誌で話題になったレストランや料理店に奥様方が昼に殺到する。女ばかりのグループ、延々とはてしない会話、お茶をしながらの人の噂、どうしてそんなにお金があり、ひまなのか。自分で料理はつくらず、できあいを買う。仕事をしている人の方が、家で食べる時くらい自分でつくろうとする。

毎日つくっているといやになるのはわかるけれど、もっと自分の暮らしを考え、工夫してみてはどうだろう。明治の頃、いや戦前の主婦はプロだった。家のことは指一本ふれさせない誇りがあった。立派な職業だったのである。

今その誇りを失っている。便利になった分、自分で考え、自分で演出しなければ、ひまを持てあます。

出かける時は、女同士はやめて男を誘おう。夫でも息子でも、兄弟でも友人、不倫の相手、なんでもいい。少なくとも女同士の時よりは緊張感があり、ファッションや歩き方、喋り方、態度にも気を使うのではないか。リサイタル、展覧会、映画、できるだけ男と行動しよう。

私はオペラやバレエが好きで、ある時期から必ずつれあいを誘うことにした。最初はいねむりをすることもあったが、今では向こうの方が熱心だ。男は興味を持つと勉強する。のめり込む。鎌倉で月一回茶道を習っている。お茶やお花だってもとはといえば利休《りきゅう》や世阿弥《ぜあみ》のはじめた哲学である。女のお稽古事《けいこごと》ではない。男の着物姿はいい。私は「男に着物を着せる会」をつくりたいと思っている。どんな男だって、ヤクザっぽかったり、書生っぽかったり、いなせになる。

男を誘うことで効率一辺倒の価値観しか持たず、仕事しかしなかった男に、快さ、美しさを知ってもらえる。美意識が芽生える。退職後「ぬれ落ち葉」にならぬよう、自分の興味、趣味をしっかり持ってもらうためにも一緒に美しいもの快いものを鑑賞しよう。

必ず夫婦同伴という欧米では窮屈なこともあるかもしれないが、ほどよい緊張感をなくさずいられるのではないか。

家族連れというのも美しくはない。父母子供という構図をほほえましいというけれど、自分の家族にだけしか目が向かず、だらしがないというケースが多い。

夫婦、父と子供、母と子供という一対一の関係だと緊張感があるのに、家族という複数になると、だらけてしまう。各々が個である自分を忘れ、家族という快い空間に甘え、埋没してしまうからだろう。夫婦だろうと家族だろうと個の集まりでしかないのに。

旅に出た時など家族は横柄になる。人に迷惑をかけて平気である。自分しか見えない。私は旅には一番仲の悪い、親しくない人と行けという。本来はひとりが基本だ。友人や家族と行くと日常と同じことしかない会話せず、相手の顔を見て旅は終わり、何の発見もないが、仲の悪い人なら別の席に座り、外を見る。ひとりで行動する。それができないなら、列車やバスの席は別々にする。宿についたら自分の時間を持ちたい。その時感じたこと、見たことだけが、心に残り、旅のかたみになるだろう。

竹が秋青々とし、春黄色く枯れるのも、真っ赤なからすうりがぶら下がる寺の裏山をも発見できる、名所旧蹟めぐりではない旅ができるはずである。

男と女が集う場のメリット

月に一回、俳句の会がある。五十年近く続いているだろうか。かつて『話の特集』というしゃれた雑誌があった。編集長は矢崎泰久氏、さまざまな分野で活躍する人々が執筆者だった。雑誌はなくなったが、「話の特集句会」は今も続いている。現在コロナで休会しているが。

亡くなった小沢昭一、永六輔、和田誠、山下勇三、岸田今日子といった二十人くらいのメンバーで、山本直純、渥美清、岩城宏之もいた。私も最初の頃から参加していた。

その後、多少メンバーが変わりはしたが、中山千夏、吉行和子、田村セツコという人々を加えて今も続いている。

師匠などなく、個性の強い人々の互選で、二時間ほどの間に幹事が例題を出して、三句つくる。プラスしてお喋りが楽しい。

いつの頃からか、終わったあと、二次会でお喋りの続きをするようになった。赤坂プリンスホテルの部屋が句会の会場で、三階の喫茶室が二次会であった。

私は人見知りをするので、なかなかうまくとけ込めなかったのだが、馴れるにつれ、すっかり壁がとれて、話せるようになった。他の人の話をきいているだけでも楽しいのだ。忙しい人たちなので、全員そろうことはまずないが、久しぶりに出席した人がいると嬉しい。

その道の達人の話はどれも刺激的である。

発想・思考方法など異性の話は新鮮で、適度の緊張感がある。女同士、男同士だと気を許してだらしなくなるところが、異性がまじることで救われる。

いくつになっても、男は女を、女は男を意識する。だからこそ、ちょっと気どってみたり、おしゃれをしたり、話題を面白くしようと試みる。

異性の友だちとつきあえる場を持つこと。句会の他に、私の場合、鳥を見るペンクラブの仲間や、編集者や放送局にいた頃の気の合う人々と食事をする。

遊び仲間には事欠かない。年を重ねてからの方が、友だちが多くなったのはどういうことか。自ら心を開くと、気持ちも通じるのかもしれない。

年をとってからこそ異性の友が必要な理由

男と女の間も安心しきっていてはつまらない。夫婦に会話がないのは、安心と惰性が原因である。ちょっと危うくなりかかったり、問題をかかえている方が緊張感はある。

お互い別の人間だし、考えることも感じることもちがってこそ発見がある。私はおおざっぱな人間だが、つれあいは、細やかな神経の持ち主で花を部屋に絶やさぬよう買ってくる。それを適切な花びんに生けたりする色の調和や生け方が習ったわけでもないのにうまいのだ。

もともと報道屋で切ったはったの職業だったから意外だった。

何でも相手のことを知りたいとは思わない。秘密にしていることがあっていい。確かめたりしない。その方が新鮮だ。

そうはいっても、夫婦でいつも新鮮などというのは嘘っぽく、一緒に生活すれば、いやでも相手の醜さをも知ることになり、それを許しあってこそ暮らせるというものだろう。

つれあいもまた、一番親しい男友だちの一人と思っていた私だが、現実には、やはりちがう。だからこそ、異性の友だちが必要なのだ。昔の同窓生でもいいし、夫の友だちでもいい。朝日新聞の論説委員だった轡田隆史さんなど、もともとつれあいの仕事上での友だちだったのが、今では私の方が仲よくなってしまった。

趣味や勉強の場での友だちでもいい。私は月一回、NHK文化センターでエッセイ教室を受け持っているが、老若男女、みな仲がよく、終わると食事をする。

出かける時は、まず異性の友だちを探そう。音楽会しかり、絵の展覧会しかり、女なら男を誘っていこう。女同士で行くから、不必要なお喋りで過ぎるのだ。

年をとったら特に異性の友だちは必要だ。夫婦もどちらかひとりになった時、異性の友だちがいれば救われる。特に妻が先に亡くなると夫は生活できず後追いをするケースが多い。仲のいい夫婦ほど喪失感が大きく、ウツ病になった知人もいる。

私のエッセイ教室には、妻を失った男性が二人いるが、年齢のちがう女性の友人ができることで、ずい分救われているらしい。一緒に食事をしたり、旅をしたり、新しい世界ができたといっている。夫婦そろっている人も、夫を連れてくる、妻を連れてくるで、友だちが増えていく。

必ず一人の男、一人の女を連れていく習慣をつけよう。一対一がしんどければ、二対一でも、一対三でもいい。数人で男と女がまざりあっていればいい。

男的価値と女的価値がまざりあうことで文化を変える

男と女がまざりあうことが文化を変えていくことだと私は思っている。

男的な価値観と女的な価値観がまざりあうことで、新しい価値を生む。

決して男の価値観、女の価値観ではない。男でも女的な価値観、女でも男的な価値観の人はいる。

男的な価値観とは、効率や便宜ばかり追いもとめ、もうかるかもうからないかを考える。

産業革命以来、その方向で動いてきた。

女的な価値観とは、快いこと、美しいこと、命を大事にするという考え方である。仮に男的、女的といってみただけである。

日本でも、男的価値がはびこり、男社会が近年まで続いてきた。効率一辺倒の社会、そのかげで快さ、美しさ、命の大切さが疎外されてきた。そのひずみがさまざまな問題を生んでいる。

二十一世紀は、新しい価値を生まなければ、人間は生きのびられないだろう。人間だけでなく地球全体が存続できないかもしれない。

新しい価値とは何か、女的な価値観に救いを求めるしかない。男的な価値観と女的な価値観がお互いに両立するなら問題はないが、この両者は相反する。困ったことに比例せず反比例する。

誤解を恐れずにいえば、もうこれ以上便利にならなくていい。効率的にならなくていい。走り出した列車は止まることができないし、とびおりれば、自殺行為だろう。もっとゆっくり、景色を楽しみ、止まっていることも大切だろう。

人間は便利さを追い求め、限度をこえてしまったと思う。走り方をゆっくりに変えなければ、突っ走ったあげく、橋から落ちるか、衝突するか、どちらにせよ破滅しかない。地球学者によるとすでにその方向に向かっているそうで、止めることはできないが、いつかくるその日を一日でも先へのばすことは、人智を集めればできるという。

そのためには、快さ、美しさ、命を大切にするという女的価値観をとり入れていくしかない。多少効率が落ちようと、新しい価値を生み出していくしかない。

男的価値と女的価値がまじわれる場が必要である。仕事の場でも家庭の場でも。

仕事場でいえば、女は男の価値観の真似をして組み込まれるのではなく、快さ、美しさ、命などの大切さを男たちにわからせるしかない。権威や地位や男的なものを追い求める女も増えているが、これでは意味がない。

女的な価値を持った女が仕事場で変革を試みなければ。

家庭でも、プライベートにも、まざりあうこと。

男的な価値が入り込むことによって、理論、哲学といったものが日常に入り込む。

家事は女の仕事ではない。花が好き、料理が好き、男にもさまざまな可能性がある。生活の土台である家事に全く興味が持てないという人はいないはずだ。役割分担でなく、得意なものをやり、才能をのばし、そうすれば固定観念は崩れていくだろう。

自由に考えたい。もともとは個人だが、男と女がまずまざりあうことからはじめたい。そのためにも、敵を知る。男を知ること、女を知ること、異性の友だちを一人でも増やしたい。

12

夫という他人、妻という他人と心地よく過ごす

感謝の仕方はさりげなく

人間関係は、さりげないのがいい。来るものは拒まず、去るものは追わず、淡々と暮らせるといい。しかしなかなかそうはいかず、その都度、心をわずらわせてしまう。

感謝の仕方もさりげなく、大げさに感謝をすれば相手が喜ぶというものでもない。

もし自分が相手の立場ならどうだろう。ここでも想像力を働かせてみよう。必要以上に感謝されれば、皮肉なのではないか、かえって迷惑ではなかったかと思ってしまうだろう。

心からの感謝というけれど、それもほどほどがいい。あまり大げさになるのはスマートではないし、嘘っぽい。

喜んでくれる人には、何かしてあげたいと思うものだけれど、演技なのかもしれないし、ほんとうに喜んでいるのかどうか、本心はわからない。

私も、人様からいただきものをすることは多いが、何でもいただけば嬉しいというものでもない。

例えば手づくりのパッチワークの鞄だの、人形だの、手間も心もこもっているだけに、始末がわるい。自分の趣味と全くちがって使いようがない場合、手づくりでは捨てるわけにも、人にあげるわけにもいかない。

その場で感謝の意は表する。ありがたくはいただく。だが必要以上に感謝することはやめたいと思う。

「あら、ありがとう。私こういうもの大好きなのよ、大切に使うわ」

などといったとしたらどうだろう。きっと喜んでくれたんだから、また手づくりのものを贈ろうと思ってしまうかもしれない。そして次から次へ手づくりのものが到着するというケースがあった。相手が悪いのではなく、そう思わせてしまった自分に原因がある。

「どうもありがとうございます」くらいにとどめておけばいいものを、お世辞をいったばかりに、誤解を与えてしまった。

外国生活の長い知人は、はっきりいうのだそうだ。

「せっかくだけど、私は使わないと思うから、どなたかにさしあげて下さい」

日本ではなかなか通用しにくい。なんと失礼なと思うだろう。

私もそれはできない。内心、困ったと思っても、その場ではありがたくいただく。けれど心は重い。地方などでお土産《みやげ》に地酒だの名産だのいただく場合も、重くて持ち帰るのがたいへんだ。感謝をしすぎると、また、土産ものを持たされる破目になる。

田舎では、大きなものを土産にあげる習慣が今でもある。かかえて帰るのはたいへんだ。宅配便で送ろうにも、駅まで送ってこられてはそれもできない。

帰りに人にあげてしまう知人もいる。タクシーの運転手さんにあげたり、困りはてるとわざと忘れてくるとか。

私は花束などは、途中で人にあげたりすることもあるが、たいていの品は家に持ち帰る。そして結局頭を悩ますことになるのだが、人に感謝をあらわすのもなかなかむずかしい。

なぜ男が料理をすると余分な感謝をしてしまうのか

夫婦の間でも、感謝の仕方を一つまちがえると、とんでもないことになる。

我が家では、つれあいが食事をつくる。テレビ局の報道番組をつくっていた頃には、不規則な暮らしであまりできなかったが、大学で教えるようになってからは、前より時間があった。家にいる限り食事はつれあいがつくることが多い。

料理が好きなのである。好きこそものの上手なれというが、好きだから得意である。一緒に暮らす前、つれあいの家を訪ねると、台所に立って、長身の背を折り、トントンとおいしいものをつくってくれた。

これはいいと思って一緒に暮らすことにした。私は料理をつくるのは得意でない。食べることは好きだし、考えることも好きだが、こまめに手が動かない。子供の頃からそうだった。体が弱いので料理や掃除をやるのは母からとめられていた。

そのかわり、インテリアを考えて、家具を移動させたり、ここに何を飾ろうかなど、いくらやってもあきない。手間も惜しまない。

というわけで、我が家ではつれあいが料理をつくる。私はせっせと食べる人だ。おいしいだの、ちょっと塩がうすい、コクがない、とか批評をする。つれあいは、次にはまた工夫をしてつくる。

「いいわねェ」と友人知人は羨ましがるが、つれあいは、嫌いなことをやっているのではない。好きだし趣味なのだ。彼の才能の芽を摘《つ》む権利はない。おいしく食べてその才能をのばすことに力を貸したい。

本気でそう思っているのだ。私は料理は得意ではないけれど、インテリアや家の飾りつけや料理の皿を考えることは大好きだ。私は私の好きなことをやる。お互いに得意な分野をやればいい。

食事のように毎日のことになると、つくるのがつれあいなら、後片付けは私がやる。当然のことだ。別に役割分担をつくっているわけでなく自然にそうなる。

その場合、必要以上に「ありがとう」はいわない。たしかにおいしいものをつくってくれることに感謝の気持ちはあるが。

大学を出て以来、私もずっと仕事を続けている。

主婦専業ではないから、家事全体は私の仕事ではない。家のことは家にいる人間がそれぞれ得意なものをやればいいと思っている。

苦手なもの、嫌いなものは気がすすまないが、得意なものは楽しい。それを分かちあえばいい。

つれあいは料理が好き、毎度つくってもあきないという。「次は何を食おうか」と考えていると楽しいらしい。私は食器をそろえる。

厄介なのは、女の人の気持ちのどこかに、家事は女の仕事という考えがすり込まれていることだ。

男の中にそう思っている人がいることは事実だが、よく考えてみると、女の中にもある。だから男が料理をつくると、必要以上にありがとうといってしまう。家事が女の仕事だと認めてしまうことになるのだ。

私には、そうした考えは全くない。好きなことをやってるんだからいいじゃないと思っている。お互い得意なものをやって暮らせればそれにこしたことはない。

必要以上にありがとうとはいわないし思わない。

男も女も、得意なものをし、男の仕事だの女の仕事だのとこだわりたくない。必要以上に感謝することもなければ、自分の仕事をやってもらってと卑下する必要もない。

自分が必要以上に感謝をすると、相手も自分がやってやったという態度に出る。もっと淡々といけないものか。

家での居場所を夫につくる

家庭というのは、誰もが帰る場所である。女にとっても男にとっても同じこと。昨今のように社会で活躍する女が増えればますますそうなる。

女は家にいる人なのではない。二人とも帰る人なのだ。いずれにしろ二人にとって帰る場所なら、それぞれが家の中で、すべきことがあっていい。外と同様に、家事でも男と女がまざりあって仕事をする。

家に帰るということは、帰ってすることがあるということ。「フロ、メシ、ネル」ためのものではない。自分のすべきことがあるはずだ。

男性の中には、休みの日、家に居場所がないという人がいるが、家ですることがないからだ。することがあれば、居場所が必要になる。

つれあいの場合、居場所がある。キッチンは彼の居場所、背の高い彼のために、流し台や調理台も高めである。軽井沢の冬用の山荘では、キッチンはすべてつれあいが、建築家と相談してきめた。私の入る余地なしである。居場所があれば家にいるのが楽しい。大いばりでいられるから、家にいる時間も増える。

主婦業専業の場合でも、家事はすべて自分ではなく、得意なものを夫がやる。そのことで楽しみも、居場所もできてくる。

家の中で仕事をする権利を男性にも認めよう。家事をする権利は夫にも当然ある。ただし、専業主婦がいる場合には、一つか二つ夫の得意なものを見つける。日頃から見ていればわかる。庭いじりが好きで、草花のめんどうをよく見る人には、庭仕事がいい。休みになるとトンカチを持ってどこか直しているいわゆる日曜大工族には、家の中をどこか壊しておく。

また経理が堪能で、数字に明るい人には、家の経済に参加してもらい、家計簿をつけてもらう。経済的に暮らす方法はないかなど……。

男を家庭に引きずり込むことが大事。男も家庭で居場所と楽しみを見つけることで、新しい暮らし方、新しい夫婦のあり方ができてくる。

夫が定年になり、家にいることが多くなると、居場所と楽しみのある人はいきいきと生きられる。妻の方も余分な手間を夫にさかなくていい。それぞれがマイペースで行動できる。一緒に行動できるところはすればいい。

自分のやるべき仕事を家庭の中でも持ちたい。妻の方も考えて、上手におだて、得意なことから手をつけさせるようにする。家事は自分の仕事というすり込みをとりさり、男と女がやるものと考える。

最初は馴れていないから、下手かもしれない。長い目で見ることだ。買物でもお金を使いすぎる。我が家もそうだった。今では私より経済的に買える。

キッチンに立って料理をしようとする。案の定、焦がしてしまった。

「あ、こんなに焦がしちゃって。私がやるわ」

これでは失格である。すぐ文句をいい、手を出すと、折角やってみようという出端《でばな》をくじかれる。長い目で育てなければ……。

私のマネージャーだった夫妻は、夫の方が料理に目ざめ、料理学校に通い出した。上達したところで私たち夫婦がごちそうになった。つくった本人よりも妻の方が誇らしげである。私たちもその煮物のおいしさに感激しながら食べた。これでまた腕前は上達することだろう。

不満が消える夫・子供との接し方

親は子に期待する。その子の才能をのばすことはもちろんだが、親の期待にそうようにさせようと思うと、子供には負担になる。少しでもよくなれと思うあまり、塾や家庭教師はもちろん、無理矢理勉強、勉強といって受験校に行かせようとする。親心かもしれないが、その子にはその子に向いたものがある。勉強は嫌いだが料理が好きなら、その道に進ませればいい。何が何でもよい学校というのは、子供の能力をスポイルする。

勉強に向いている子もいれば、絵の才能、音楽の才能、いろいろだ。それを見抜いてよい所をのばしてやりたい。

知人の家では、孫のお受験とやらで、その間は全員友人とも遊ばず、外出もせず、ひっそりと家でなりをひそめている。子供はさぞや負担でやりきれないだろう。親だけでなく、祖父母まで受験受験ではやりきれない。

こんなことをいうと、あなたは子供がいないからわからないといわれる。確かにそうかもしれない。私の母は、一人娘の私に期待をかけて、しんどかった。親に反抗するのが、私の生きがいだった。私はあなたのように子供に期待する生き方はしない、と母にいったものだ。

しかし、もし私に子供がいたら、私も母と同じになっていたかもしれないと思う。そんな自分を察知していたからこそ、子供はつくらないと思っていた。つれあいも同じ考えだったので私たちに子供はいない。

いいことか悪いことかはわからない。自分で決めたことだから、責任を持つのが当たり前だ。友人や知人の子供や孫を見ても、羨ましいとは思わない。淋しいでしょうという人がいるが、今いるものがいなくなったら淋しさに耐えられないかもしれないが、もともといないのだから、淋しさはない。

老後ひとりになろうが、面倒を見る人がいなかろうが、それは自分で選んだことなのだ。自分で耐えなければならない。

親が子供に期待しすぎると、子供も親に期待する。財産を残してくれるだろうかとか、面倒を見るかわりに見返りを求める。利害関係であって、親子の愛情と混同してはならない。

肉親の場合、どうしても期待が大きくなる。その通り事が運ばないと他人との間より憎み合う例などいくらでもある。近親憎悪、一つもつれると、手がつけられない。親が死んで、財産分与ということになると、必ずといっていいほど争いが起こる。骨肉の争いで余分な神経をすりへらし、ろくなことはない。

夫婦の場合はもともと他人なのだ。生まれ育った環境もちがえば、考え方もちがう。相手に余分な期待は、禁物である。

私がこれだけつくしているのに、夫は何も答えてくれない。外でくたくたになるまで働いているのに、妻は遊び歩いている。などと、相手が期待したように行動してくれないといら立つ。こんなはずではなかったということになる。

私とつれあいは、期待のない夫婦だ。一緒に暮らしはじめる時、相手に期待をしないことを申しあわせた。

共に暮らしていれば、こうあってほしい、こうしてほしいという要望は多くなる。自分が思えば向こうもそう思っているのだ。

「相手に期待をしない」という歯止めがあるので、なんとかもっている。期待をしていない時に、思わぬ気持ちに出会うと嬉しい。

期待していてそうならないと不満だらけになる。

13 自分に期待を持って生きる

「友だちなら助けてくれるはず」と期待するから疲れる

人に期待をしてはいけない。

肉親に不幸があった。当然親しい友だちなら、手伝いに駆けつけてくれるか、真っ先にお悔やみに来てもよさそうなものなのに、音沙汰ない。知らないはずはないのだ。同級生が知らせてくれたはずなのに。彼女の母親が亡くなった時、自分は、何かできないかすぐ電話をしたのに。

いらいらする。こちらから頼むのもしゃくだし、「どうしたのかしらネ」と、つい愚痴が出る。

どうしてどうしてと思っているとストレスになる。もう自分に好意を持っていないのではないか。友情ほどあてにならないものはないと思ってしまう。

旅行中かもしれないし、病気かもしれないのに、自分の思いにとらわれてしまう。

こちらがたいへんな時は、友だちなら助けてくれるものと期待していないだろうか。自分もしてあげたのだから、当然の見返りがあるはずと思い込んでいないだろうか。

知人が病気の時は助けてあげた。自分が病気になったら、相手も面倒を見てくれるはずだと思っていると落胆する。お見舞いにもこないとベッドでいらいらしていると、よくなる病気もよくならない。

知人は遠慮しているのかもしれないし、仕事の手が離せないのかもしれない。特にコロナの時期は人に会えなかった。人には人の事情があるのだ。人には余分な期待をしてはいけない。期待通りのことがしてもらえないと、いらいらして疲れる。自分が疲れないためにも、人を疲れさせないためにも、期待してはならない。

期待などしていない時に、人から好意を受けると、身に沁みて嬉しい。期待していて受けとる好意は当然としか思えない。

私自身は、人が好調な時は、あまり近寄らない。好調な時は、頼みもせずとも、人が集まってくる。

なかには好調な当人を利用しようとする人たちも含まれていよう。そんな気はさらさらないから同じに思われても困る。

いいことも重なるものだが、悪いことも重なる。ひとたび不遇に見舞われると、たて続けにあう。病気、事故、仕事上の失敗などなど。そんな時は、さりげなく電話をしてはげましたり、手紙を書いたりする。不遇な時には、人が去っていく。そこで人がよくわかる。

私は勤めていた放送局をやめ、仕事も不調、十年間の恋にも破れ、悪いことがこれでもかこれでもかと重なった。好調な時に寄ってきていた人は去っていく。人がよくわかった。そんな中でさりげなく手をさしのべてくれたり、支えていてくれた人を知ると、嬉しかった。

不調の時こそ、私も、さりげなくできることをしたいと思うようになった。感謝されなくていいのだ。元気になったら忘れてくれていい。期待も見返りももちろん考えない。見返りを期待して行動するなど、みにくく、自分が情けなくなる。

このところ、政治の世界を賑わしている事件を考えてみると、いずれも、何か見返りを期待していることがわかる。

仕事をまわす見返りに、献金を受ける。利害だけの結びつきで、人間的なもののかけらもない。

美しくないことこの上ない。

贈収賄事件など、期待と見返りから成り立っている。お互いそれで得をすることがあるのかもしれないが、そんなつきあいしかできない人は哀れだと思う。

もっと自分にこそ期待をかけよう

では、いったい誰に期待すればいいのか。他人でもなく、友人知人でもなく、親兄弟、子供でもなく、夫婦でなく、残るは自分しかない。自分に期待するぶんには、いくら期待が大きくてもいい。

自分への期待は可能性を生む。自分はこう生きたい、こうありたい、あの仕事がしたい……などなど、自分への期待があれば、人は少しずつ努力をはじめる。

今は駄目でも、きっとできるはず、自分ならできると信じてやろう。それが可能性を生み、自信につながっていく。

「うぬぼれる才能」というのがあると私は思っている。きっとできる、いつかできると自分を信じてやらねば何事もはじまらない。

私は自分で「うぬぼれる才能」があると思っている。おめでたいのである。いつかできる、きっとできると自分を信じてやる才能だ。

「どうせ私なんか」とか、「もともと才能がないんだから」と卑下し、いいわけをして自分を信じず、何の努力もしないのでは、あまりに自分がかわいそうではないか。

自分でここまでと決めた人は決してそれ以上はのびない。どうせ駄目と決めたらそれ以上にはいかない。ひょっとしたら才能があり、できたかもしれないのに。

自分で自分の可能性の芽を摘んではいけない。自分でここまでと決めたら、のびるものものびない。

いつかできる、きっとやってみせると可能性だけは野放図に持っていたい。せめて自分の中だけでも。

それでなくとも、制約はいっぱいある。自分だけは自分の才能を信じてやろうではないか。可能性さえ摘まなければ、今できなくとも、いつかできる、そちらへ向かって少しずつ歩みはじめる。

私などそのくり返しである。さまざまなまわり道はしつつも、少しずつ核心に近づけばいい。いつか近づくと私は信じている。まだ私の思う核心には近づけていないからだ。そう思っているうちは自分の可能性にかけていること。いくつになっても同じだ。できなくて死んでしまったとしても、可能性を自分に持ちながら死ねたらいい。

自分はこうありたい、この仕事をしたいと期待しつつ最期を迎えられたら幸せだろう。自分に期待できなくなったら、それは死を迎える時だと思っている。死ぬまで多分私はおめでたいだろう。他から規制されるのではなく、自分に期待を持っていたい。体の自由を奪われたら、その中で、できることをしたい。自分への期待を捨てたくはない。

絶望の淵に沈んで死を考えたことが若い頃ある。その時、まだかすかに期待をしている自分に気がついた。期待がある限り、それを頼りに生きられると思った。

他人に肉親に夫に期待することをやめ、自分に期待しよう。他に期待をして、その通りいかない時はどんなに落胆するか。しょせん自分ではないのだから期待するのはまちがいなのである。外れて当然なのだ。

自分に期待した場合はどうか。

自分に期待をしてそうならなければ責任は自分にある。やり直すか、方法をかえてみるか、自分で考えればいい。自分で期待したことは自分にもどってくる。文句のつけようがない。誰かのせいにすることもできず、また一からしこしことやり直すしかない。期待は自分にしてこそ、責任をとる生き方ができる。

第五章

こだわりを手放さないということ

14 ものを最後まで使い切る

ものには命がある

子供の頃、我が家には折りたたみ式の洋風椅子が四脚と、そのためのテーブルがあった。テーブルと椅子の手すりなどはマホガニー製、椅子の背もたれと座る場所は濃いブルーの濃淡の縞《しま》だったと思う。我が家は転勤族で、二、三年おきに父の転勤がある。引っ越し屋が今のように何でもしてくれるわけではなく。車ではなく、列車だった。荷を少なくするために、応接セットなどは、簡便なものにせざるを得なかった。転勤先は官舎で、一軒家を借りるわけだが、日本家屋がほとんどである。まわり廊下のある純日本式の家は好きだったが、絵描き志望で果たせなかった父は、ハイカラ好きで、座敷に鍋島の緞通《だんつう》を敷きその上に応接セットを置いていた。

私が大きくなってからも、そのセットは活躍し、背もたれや座の部分を代えて、私の転勤先に持っていって使ったりした。

その後、しばらく等々力《とどろき》の実家の納戸《なんど》にしまわれていたが、忘れていた。母を描いた油絵が数枚残っている。父はよく母をモデルに絵を描いていた。私は父に戦後反抗を続けたので、モデルになったことはない。

その母を描いた五十号ほどの絵には、なつかしい折りたたみ椅子が描かれている。その椅子に母が腰かけている。

ひじかけの下の部分の飾りとして、マホガニーの縦板に丸い穴が三つ上から並んでいる。他にないしゃれたデザインだった。

軽井沢に冬用の小さな山荘を増築したので、ストーヴの前に置くには、ちょうどいい。等々力の納戸を探してみたが、見当たらない。母が亡くなって整理をした際になくなったのかもしれない。

ないとなると残念だ。思い出のある私にとって大切な品を再生させてやりたかった。

軽井沢の夏用の家には、等々力で母が亡くなるまで使っていたソファとテーブルを布を張りかえて使っている。ぼろぼろで中味ははみ出しかけていたが、白地にベージュの細いチェックや縞の布を馴染みのイギリス家具の店で張りかえたら、新品になった。買った方がかえって安いといわれたが、どうしても捨てる気がしなかった。あのソファには母の匂いがしみついている。そこに座っていた姿が焼きついている。父母も一緒に軽井沢の山荘に来てほしかった。その思いが古いソファをどこにもない新品にかえた。

ものを大切にするとはそういうことではないかと思う。命がなくなるまで使い切る。父母の思い出も残る。古いから捨てすぐ新しく買う消費社会からは心は育たない。ものにも心があるのだ。ヨーロッパでは、代々祖父から父に子に家具が伝えられる。伝統が生きているのだ。

さて、件《くだん》の折りたたみ椅子だが、どこを探しても見つからず、アンティークショップでもしあっても高価だときいた。

ある日何気なくカタログハウスから送られて来た『通販生活』をめくっていたら、あの椅子を千個限定で復刻するとあった。ヤマハが大正時代につくった「ヤマハ文化椅子」という。布は濃いグリーンになっていたが、まぎれもない。『通販生活』の編集者に話をして六脚そろえた。椅子に座っている母の絵を見せると、取材したいという。

軽井沢に来てもらって、その絵と、求めたヤマハ文化椅子を撮影した。

木づくりの小住宅の居間にぴったりで、なつかしい子供時代がもどって来た気がしている。あの椅子を大事に思う気持ちが通じたのだろう。

ほんとうにいいものを買わないから捨ててしまう

母の死後、等々力の家を整理するのはたいへんだった。器類、着物など趣味のものが、よくぞこれだけためてくれたと思うほどある。他人に任せれば、処分してくれるかもしれないが、長年の思いのこもったものを簡単に割り切ることができない。

あのヤマハ文化椅子のようなこともある。私ができるだけかかわらねばならない。思いのあるものと処分できるものとに分けるのもたいへんだ。

昔の人は、ものを大切にした。というよりため込んだ。蔵のある家など、今もそこに眠るものは多い。母の故郷である上越の家にも母の簞笥や長持《ながもち》が眠っていた。

年寄りは、ものをため込むから困ると若い人たちはいう。私も若い頃にはそう思った。しかし私たちの父母や祖父母の時代には、ものが無かったのだ。だから大切にして手入れを怠らなかった。母の死後おびただしい数のノートや広告類が出てきた。広告の裏には母がつくった短歌が書かれている。ノートにもぎっしり。あの頃、紙は貴重品だったのだ。私はそれを捨てることはできない。一つひとつに目を通し、いいと思うものだけを選んで歌集にした。紫が好きな人だったので、薄い紫の表紙には『むらさきの』と名付けて一周忌に集まった方々に配った。若い時から八十一で亡くなるまで、歌に歴史がある。戦中戦後はそれどころではなかったのだろう。途絶えている。

「何これ。いたずら書きじゃない」

といって捨ててしまえばそれだけのことである。一枚の紙に命があると思いたい。昔の人は、ものを大事にした。「もったいない」とか「大事にしないと罰《ばち》があたる」といって、子供をしつけた。ものは、単なるものではなく、命を認めていたのであろう。

年をとって何があったのかも忘れてしまう。そして亡くなったあと、子供たちは「まあこんなにため込んで」とか「汚い」とかいって情け容赦なく捨ててしまうのだ。

年寄りがものをためるのは、一つひとつが歴史であり捨てられないのだ。そのことを理解してあげたい。いつか自分も年をとる。そうすればわかるだろう。

マンションの機能的な生活に馴れた人たちは、「私はそうはならない」というかもしれない。しかし生きていることは、もののかかわりが増えることである。

私もマンション暮らし、容量は決まっているから、大切なものと捨ててもいいものとの仕分けを強いられている。人に迷惑をかけないためには、身辺の整理は自分でしておきたいからだ。
「捨てる」ことがテーマになったベストセラーなどを見ても、現代は捨てる時代らしい。いたずらに買い、いらなくなったらポイと捨てる。そのゴミがたまりたまって捨て場もないのが現代だ。

戦争であらゆるものを失った人々は、戦後、ものが欲しかった。何でもいい、よくなくとも使えればいい、高度成長下で買いあさり、使えなくなると捨てて新しく買った。売れなければ経済が低下する、といった悪循環で、つくっては捨て、捨ててはつくり、簡単に捨てられるところを見ると、どうでもいいものだったのだろう。ほんとうにいいもので、大事なら、捨てて買うことはしないはずだ。

ほんとうに好きないいものを買っていれば、大切にいつまでも使う。捨てないですむ。ゴミも増えない。世界の環境を破壊することも少なくなる。そのためにも、大切にすることだ。

「もったいない」と思う心を育てたい

「もったいない」はものを最後まで使い切ること、「罰があたる」というのも、つくった人に申し訳ない、食べ物でも、米粒も残さずに食べねばつくった農家の人に「申し訳ない」し「罰があたる」と思ったのだ。

二つとも死語に等しい。朝日新聞の朝刊マンガ『ののちゃん』には「モッタイナイ」「モッタイナイ」という女性が登場する。死語を復活させる、いささか時代錯誤のその人物が気に入っている。

言葉の復活から、ものを大切にする気持ちが出てくるかもしれない。最近の日本語ブームも、こうした死語の心をとりもどすことに役立てばいいのだが。

「いただきます」「ごちそうさま」。簡単なあいさつをする人が少なくなった。初歩的なしつけのはずだったが。

若い人と食事をして、あいさつがきちんといえる人に出会うと嬉しい。家庭が目に浮かぶ気がする。

そうやって育った子は、親になるとそれを自然に伝えるだろう。

「いただきます」「ごちそうさま」には感謝の心がこもっている。食べ物をつくってくれた人に対する感謝、食事を与えつくった父母への感謝、そうした気持ちが入っている。そして手を合わせる動作、目に見えぬ神や仏に対して自然に手を合わせる気持ちだ。

我が家には、小さな仏壇がある。仏に毎朝手を合わせ、水をとりかえる。子供の頃からの習慣で、しないと心が落ち着かない。信心深いわけでも、仏教信者ともいえないのだが。お彼岸《ひがん》は必ず墓参りをするし、盆にはおがらを焚《た》いて先祖を迎え送る。日頃は忘れていても、その瞬間、今の私の存在を思う。過去から来て未来に向かう点にすぎないからこそ、その存在を大切にしたいと思う。

血縁に限らない。子供はつくらなかったし、欲しいとか、子孫を残したいとかはまるでないが、私という存在はすでにあるのだ。それを大事にすることは、私より先に生まれたすべての人や、これから生まれ育つ人とかかわることなのだ。私が受けついだものは、何かの方法で伝えたいと思う。

ものを大切にし、感謝するのもその一つである。

捨てる時にも「ありがとう」の気持ちを込めて捨てたいと思う。私の心をなぐさめてくれた人形、祖母が生まれてくる私のために心を込めてつくった薬玉《くすだま》、やむを得ずぼろぼろになって手ばなす時には、心から「ありがとう」をいいたい。

日本には、供養《くよう》という言葉がある。

「針供養」をはじめとして、「鯨供養」など、食べ物に対しても、一年に一回は供養のお祭りをし、感謝をあらわす。おかげで一年を送ることができた。食べることができた。針供養は使った針をあつめて供養し、着るものを縫った人、織った人、つくった人への感謝をあらわす。大事な行事だと思う。

供養とは、他者への思いをいたすこと、「ありがとう」の気持ちを伝える行為である。つくった人への想像力、他者への思いやりが含まれている。

何気ないあいさつや、行事の中に、それを思い出させてくれるものがある。思いやり、想像力が、他者と暮らす上で大切だ。人間だけでなく、自然との共生のためにもなくてはならない。私たちの先祖が残してくれた中にそれを伝えるものがさまざまある。それを見つけ出し、大切にすること。

大量生産、大量消費の時代だからこそ、あえてこだわりたい。

15 プロ意識を忘れない働き方

仕事は心を正してくれる

死ぬまで仕事をしていたいと思う。仕事がなくならなければ、元気でいられる気がする。しかし、以前のように無茶はできない。その時は大丈夫でも、二、三日経ってからひびいてくる。昔は徹夜も平気だったが、今は次の日が使いものにならず、寝ている破目になるから、能率がわるい。

海外旅行も、時差ボケがなかなか直らない。時差ボケにも時差があるのだ。疲れが後まで残らぬように、こまめに回復しておかねばならない。

頭の中では、昔のイメージがあるから、スケジュールを入れる際に、これぐらいできるだろうと引き受けてしまって、辛い思いをすることも多い。

最近は賢くなって、詰め込むことはなくなったが、少しぐらいの無理は、自分を甘やかさずにすむ。それができた時の達成感はこたえられない。無理を、あえてしてみるのもいい。体調が悪くとも、頭が痛くとも、仕事をしていると、しゃんとした気分になる。仕事の場合は甘えてはいられないからだ。

私の場合、外へ出て人と会ったり、人前で話をしたり、一日中、家で原稿書きといろいろだ。外で人に会ったり、話をするためには、その日の気分に甘えてはいられない。そう思って気を張っていると、知らぬ間に治っていたりする。原稿書きは、発散しないから疲れるが、そんな時はちょっと散歩に出る。近所の猫に会ってくる。気分転換をはかる。おやつを食べたり、外を見たり、うろうろ家の中を熊のようにほっつき歩く。他人さまにお見せできる図ではない。

たいていの同業者にきいてみると、外へ出る時は外の仕事をまとめ、インタビューを受ける時は人に会う仕事でまとめ、書いたりつくったりの本来の仕事の場合は、それに没頭する、というスケジュールの組み方が多いようだ。

女性の場合、人に会うには服装、髪形をある程度きちんと整えなければならないから仕事をまとめてしまう。家で取材される場合は、やむをえず家を片づけるから、きれいにもなる。

仕事は、心をしっかりさせるもの、誰かに頼るわけにはいかず、自分で受けて立たなければいけない。甘えてなどいられない。

仕事は人の姿勢を正してくれる。あるピアニストがいっていた。日頃はバカなことや駄じゃればかりいっているが、いざピアノに向かうと別人になる。ピアノを弾くことで生きる姿勢が保たれているという。

私も同じだ。もし私が仕事をしていなかったら、どんなにぐうたらになっていたことか。ほんとうに仕事をしていてよかったと思う。

子供の頃、二年間病気で小学校を休み、その後も過保護で、体が弱く、体育は見学ということが多かった。大学時代は友だちとうちとけず、毎日うつうつとしていた。

仕事をはじめてから、健康になった。責任感だけは強く、やりはじめると意地になるたちなので、自分の仕事は、最後までやる。それを通しているうちに、風邪を引くのもひまな時という風になり、仕事を病気で休んだことは一度もない。気が張っているからその間、病気にもなれない。そのためのリズムづくりもうまくなった。私が今も仕事が続けられるのは、まさに仕事のおかげなのである。

学生気分とプロ意識の大きなちがい

大学を出て放送局に入り、すぐ名古屋へ転勤になった。昭和三十四年頃は、部屋に冷暖房などなく、四畳半の一間《ひとま》。それでも新築のＮＨＫの寮だった。転勤があるのは当時は男性ばかり。女性はアナウンサーだけという時代だったので、トイレも洗面所も男女共用、お風呂だけ、女性用に一人やっと入れるくらいの所が用意されていた。

前にも書いたが女性は二人。もう一人は亡くなった女優の野際陽子さん。そして私。三階の隅の隣の部屋で、一年先輩として、よく面倒を見てもらった。二人とも気は強かったが、淋しい時や悲しい時、それとなく身を寄せあったり、バーの止まり木でギムレットなどのカクテルを気取って飲んだりしていた。

二人ともなりたいものになったわけではなかった。野際さんは当時から女優になりたいといっていた。大学時代に演劇部でやった芝居の写真が机の上に飾られていた。恋人で演劇部の先輩らしい男性の写真もあった。

私の方は、大学時代から活字の仕事をしたいと思っていたので、物書きになることを心に秘めていた。

決して希望の仕事ではなかったものの、野際さんも私も、やっている間は、その仕事を懸命にやった。仕事だからである。今の自分の時間の大半を費やすのだ。好き嫌いではなく、仕事として選んだからには、やっている限り、責任を持ってやり、楽しむ工夫をする。

それがプロ意識というものだ。

とはいえ、私の場合も、最初からそうではなかった。東京から名古屋に赴任する時も、直行ではなく、大阪まわりで近鉄に乗って名古屋に行った。

東京―名古屋はまだ新幹線がなく、夕方出発すると深夜に着いて、迎えの人に迷惑をかけるからというのが表向きの理由であった。

ほんとうは、東京から西へ転勤する同期生たちと同じ列車で出発したかったからなのだ。まだ学生気分が抜けていなかった。

着任早々チーフに呼ばれて叱られた。東京から名古屋に来るのに、大阪まわりで来るとは何事か。前代未聞だといわれ私の評判はガタ落ちになった。

新人の女子アナが来るというので、みな手ぐすねひいて待っている所へ、学生気分丸出しのままで勝手な振舞いをしてしまったのだ。

ガツンとやられた。そこで少しわかった。そして間もなくやって来た伊勢湾台風。

五千人以上の死者・行方不明者を出した未曾有《みぞう》の大災害が直撃した。翌日からは、まるで戦争で、半年間水のひかない所もあり、一日も休みをとることができなかった。

全国から応援が来ても人が足りず、西も東もわからぬ私も被災地へ連れてゆかれ、そこから中継しろといわれ、必死でやった。港に積んであった巨木が流れ出し、家をうばわれ、両親を失った子が「二階の押入れまで水が来て、金魚が浮いていたよ」と語った言葉は今も忘れない。

校庭に遺体を入れた棺《ひつぎ》が積み重ねられていたのも生々しく思い出す。

皮肉にも、私がほんとうにプロ意識に目ざめたのは、その時だった。ただ必死で伝えた。あの現場で私は仕事のきびしさと同時に、充実感を知ったのだ。はじめて目が輝いていたことだろう。

私たちの住む寮も、水道、電気は途絶え、しばらくの間は炊き出しをもらって暮らしていたが、その時、「伝える」というプロ意識に私は目ざめたのだった。

プロの主婦になる

仕事というと、外に出る仕事、勤める仕事、創作にかかわる仕事、と思われがちである。

では主婦業はどうなのか。主婦業は仕事だと思えないという人がいるが、とんでもない。主婦業は立派な仕事である。

なぜ思いにくいかというと、家の中の仕事であり、電化製品などがやってくれて、自分の手でやった気がしないことと、給与体系がはっきりしていないことである。

もしその仕事を、みな他人にやってもらったとしたらどうだろう。どのくらいお金がかかるか知れない。家事労働をお金に換算することはむずかしい。他人に任せられない大切な仕事であることはまちがいない。

主婦業はすべてを網羅する。家事と考えても、衣・食・住、教育、経済、どれをとってもおろそかにはできない生活の土台になるものばかり。夫の仕事を考えても、衣・食・住、教育、経済のどれかにたずさわっているだろう。

そのすべてを任されている主婦が、職業でなくて何だろう。だからこそプロ意識が必要なのだ。姿勢を正す仕事であるはずだ。今の仕事が自分の土台。責任感を持ってきちんとやれなければ、他の仕事をしても同じだろう。

「私だって他の仕事をすれば」は通用しない。単なる逃げにすぎない。野際さんも私も、いつかはやりたい仕事を心の中に抱きつつ、現実の目の前の仕事は、手をぬかなかった。それがプロであり仕事であるからだ。現在、希望した場で仕事ができるのも、あの時、懸命にやっていたからだと思う。

やりたい仕事があるなら、今の仕事にプロとしての責任感を持つことから道が開ける。衣・食・住、教育、経済、文化を網羅する主婦業の中に含まれているはずである。

主婦業が私の仕事と、胸を張っていいたい。誇りを持っていえる人はえらいと思う。

私の仕事を週一回手伝い、経理などを主にやってくれた女性は、「私の仕事は主婦です」という。その姿勢が気持ちよく、主婦は全く落第の私にさまざまな生活の知恵を教えてくれる。彼女は、主婦業を誇りにするほど、プロとしてきちんとやり、二人の息子を育てた。決して愚痴をいわず、娘ができたと結婚した息子のつれあいを大切にする。見ていて気持ちがいい。

家事をすると心がしゃんとすると彼女はいう。

主婦業に誇りの持てない人が増えてきた。他にさまざまな仕事があるし、外で活躍する女性も多いからだろう。かつては外に仕事などなかった。私たちの母や祖母の時代、看護師など一部を除いては、ほとんどが主婦だった。

女が今よりしいたげられていた時代なのに、母や祖母、特に明治の女は背筋がしゃんとしていた。生き方の背筋が。

それはなぜか。プロの主婦だったからだ。家のことはすべてとりしきる。自分が任されている責任感、他の人には決して後ろ指をさされぬように、家の中のことは、自分がやらなければという姿勢。それがプロ意識を生んだ。

あの時代、電化製品もなく、大家族でたいへんだったはずだが、いつも廊下はぴかぴか。ほこりひとつない清潔な家が多かった。おふくろの味の手づくり料理。

着物は洗い張りをし、染料で染まった水が庭土をぬらしていた。母が伸子《しんし》張りという着物をほどいて、庭に干す作業をしていた姿やエプロン姿は美しかった。心の中のやらねばならぬというプロの姿勢がそう思わせたのである。

主婦業の中で何が得意ですか

もし私が主婦業専業だったら、衣食住、教育、経済などのうちに、得意なものを中心に据えるだろう。それを、はげみにしただろう。誰だって、何でも得意ということはない。苦手なものもある。

得意なものを懸命にやっていると、回転がよくなり、他のことまでやる気になってくる。忙しいからできないというのをいいわけに使う人がいるが、不思議なことに、忙しい人ほど楽しみも持っているのである。一つのことに熱中すると、その時間を生み出すために回転がよくなる。時間の使い方が上手になる。

主婦業は下手をすると、朝、昼、晩と同じ所をまわっているハムスターに似てくる。ハムスターも時々立ち止まって考える。人間はもっと考えねばならない。これでいいのだろうかと。何とかもっと効率よくできないか。そのためにまずやりたいと思うものの時間をとる。残りで他のことをする。刺激があると、回転がよくなり忙しくなっても能率が上がってくる。

もし、私が主婦業専業なら何をその中で楽しみにするか。インテリアである。料理や掃除は得意ではないが、部屋の模様替えや、どこに何を配置すると生きるかなど、考えていると、全く飽きない。若い頃は、夜中に重い箪笥《たんす》などひとりでひっぱりまわして、自分の部屋のインテリアを変えていた。設計も好きで、大工と相談して一軒家を建てた。

今でも好きだが、ひとりでやるには体力がついてゆかない。だから部屋中ながめては考えている。

つれあいは、私が部屋をながめまわして考えていると、「見るな、考えるな」という。

また私が何かはじめるのだろうと不安になるらしい。しかし、移動が終わりでき上がってみると結構満足するらしい。

私はといえば、しばらくは、気に入っているが、虫が頭をもたげると、またどこか変えてみたくなる。新しい挑戦をしたいのだ。絵一枚、タペストリー一枚でもがらりと雰囲気は変わる。半年暮らしたことのある中近東風にしてみたり、日本の古い家具を使ったり、あるものでさまざまに工夫する。季節感も入れて、秋には玄関に虫かごを。花をかざるにも、いろりの自在鉤《かぎ》を使ったり、本来の目的でないものを使ってうまくいった時ほど嬉しいことはない。

器やテーブルセッティングも、その都度、他にないものを考える。母がそうだった。ちょっと思いつかない大胆な試みを成功させた。血がさわぐのか、私も大好きだ。

我が家の二十五畳ほどのリビングルームには、古い日本の米沢簞笥あり、船簞笥あり、セールで買ったイタリーのテーブルに一脚ずつに分かれる革のソファ、食器棚は北欧、食卓はイギリスとバラバラだが、私という色で部屋は統一されていると思う。主の私が選んだ目が生きていればいいのだ。

一つのブランドで統一すれば調和するにきまっているから面白みがない。自分の腕のふるいようがない。和風に和では合いすぎて、うす汚くなる。我が家は白い壁と窓のシンプルなマンションだからこそ、古いものが新しくなる。

もし私が主婦業専業だったら、インテリアを中心に勉強してインテリア・デザイナーになったにちがいない。

16 自分の好きにこだわる

「仕事は楽しく、趣味は真剣に」

　自分が何に興味を持っているか、草花が好きならガーデニングでもいい。庭仕事は瞑想的な仕事だ。ヘルマン・ヘッセに『庭仕事の愉しみ』（草思社）という名著があるが、庭仕事はすばらしい。

　私も軽井沢の山荘に行くようになって、今まで知らなかった、野鳥や野の花の美しさに気付いた。庭を考え、植え、世話をするのは、主につれあいだが、私は批評家である。植える場所はどこがふさわしいか、ただ植えるのではなく構図を考える。どこにどれを置くか、インテリアと同じである。外という人工ではない自然の条件を考えた上で。ヘッセは庭仕事に哲学を見ている。

　真剣に向き合えば、向き合うほど、興味がわいてきてつきることがない。

好きなことには、真剣でなければならない。真剣にならざるを得ないはずだ。そうでなければ、ほんとうに好きとはいえないのではないか。

「どうせ趣味ですから」

という人が私は信用できない。趣味とは、いいかえれば好きなことではないのか。好きなことには真剣でなければ……。

「仕事は楽しく、趣味は真剣に」

が私のモットーである。仕事は、辛くともやらざるを得ない義務感のあるものだからこそ、楽しみを見つける努力をし、同じやるなら自分のためにも楽しんでやる。一日のほとんどを費やしている時間を無駄にしないためにも。

趣味は真剣にとは、趣味とは好きなことなのだから、好きなことをやるには、仕事のように真剣に取り組む。

どんなに好きなことでも飽きることや途中でいやになることもあるが、好きなことなのだから諦めてはいけない。

若い頃は試行錯誤をくり返し、これかあれかと考え、手を出してみてもいいが、ある年代になったら、もはや余裕はない。

仕事はどうしてもせねばならぬこと、趣味はほんとうにしたいことに限られてくる。人真似をしているひまはないはずなのである。人に誘われたからとか、みんながやっているからなどで、選んではいけない。

なぜ趣味がいいかげんになりがちなのかを考えてみると、若い頃のお稽古ごとに遠因があるかもしれない。

好きでもないのに、親にすすめられて、お茶、お花、など「たしなみ」として習う。私は、全く興味が持てなかったし、ひとりで本を読んでいる方が楽しかったから、習ったことがない。

歌は好きでその道に進みたかったくらいだから、中学、高校と芸大出の先生について習っていたし、仕事にすることは諦めたが、しばらく、芸大の先生で二期会のオペラ歌手に習っていた。

ほんとうに私は歌が好きなのだと再認識する。真剣だし、人にきいてもらう機会も、節目節目にもうけている。人の耳や目を借りることで客観性を持ち、自分もまた上達することができる。この先も歌はやめないだろう。

最高の条件でオペラをきくことも許すかぎり続けたい。

もしこれが無理矢理、お稽古ごととしてピアノをやらされたり、うたわされたりしたら、音楽が嫌いになってしまったにちがいない。

人からいわれたのでは駄目なのだ。自分の心に問いかけてほんとうに好きなことをやろう。道をきわめることは哲学なのだ。お茶もお花も単なるお稽古ごとではなく、日本の生んだ哲学であり、美学である。

第六章

私という「個」を堂々と生き切る

17 人に媚びない

人に媚びるいやしさ

「凛《りん》とした」という言葉がはやっている。私は昔から好きだったが、最近になって新しい言葉のようにもてはやされる。「リン」という響きのよさ、毅然とした様子。惹かれるのが当然である。

知人の若夫婦は、一人息子に「凛助《りんのすけ》」と名付けた。

凛という言葉がもてはやされるということは、世の中が凛としていない証拠である。けじめをなくし、人々が美学を見失っているからこそ、ないものに憧れるのである。

凛としたという言葉を置きかえると、「毅然とした」とか「すっくと立った」とかいってもいいだろう。

まわりに左右されず、自分の考え、自分の美学で、反対があろうとも、すっくと立っている、そんな人が好きだ。

おもねる、媚びるということが嫌いだ。美しいと思わない。人に好かれたいとか、目的があって心にもないお愛想をいい、話題を無理に合わせたりする。

気をつけないと、うっかり自分もやっていることがある。話題を円滑に、その場を持ちあげようとするあまり、いわずもがなのことをいってしまう。

新潟で講演をした。母が新潟出身なので、最初に自己紹介もかね、その話をし、「私の血の半分は新潟です」といった。

少しでも新潟の人に親近感を持ってもらいたかったのだ。

終わって、トイレに行くと、講演をきいた女性数人が話している。私がいることに気付いていないから、率直である。

内容についてはおおむね好評であったが、「〝自分の血の半分は新潟です〟なんて新潟の人におもねるようなことといわなきゃいいのにね」。

ハッとした。気付かぬうちに新潟の人に好かれたい一心で、私もお愛想をいっていたのだ。見抜かれていた。

見る人が見、きく人がきけば、わかってしまう。反省した。媚びていたのだ。媚びるのは私には似合わない。それ以来、私は、無理にその土地や場に合わせて、ものをいうことをやめることにした。たとえ話の導入のためでも、よくない。凛として自分のいいたいことだけをいえばいい。

テレビを見ていると、相手に合わせ、おもねり、テレビに出ることしか考えない、いやしさの滲み出たタレントがなんと多いことか。美しくない。力を持った俳優や歌手は決しておもねらない。自分の演技力や歌を磨くことだけに没頭している。

それでいて決していばらない。人におもねり、上司に媚びて出世した人は、自分がその立場になるといばりちらす。地に堕ちるとお涙ちょうだいに走る。

「凛とした」「毅然とした」という態度は、自信がないとできない。自信というと誤解があるかもしれない。自分に忠実な、といったほうがより適切だろう。

自分で考え、感じ、選択し、表現する。だからこそ、自信を持つことができる。迷いながらも、自分はこう思うということができる。わからないことはわからないという。

黙っていても、わかる。一見ごまかされはしても、しだいに化けの皮ははがれる。

人の好き嫌い、その人を認めるか認めないか、友人知人と話していて、同じ価値観を持つ人とは、共通のものがある。

品のある人はどこがちがうのか

「凛とした」とか「毅然とした」という態度は、人間としての品格といってもいいだろう。

品がないというのは悲しい。品とは、育ちのよさや裕福なことをいうのではない。自分なりの考えや価値基準を持っていることが、その人に品を与える。

急に身につくものではなく、長い間の生き方が身についてできるものなのだ。「売らんかな」「有名にならんかな」ばかり先に出ていては、才能があっても、みじめである。自分で自分の身を律することのできる人だけが、知らぬまに品を身につける。

絵の雑誌のインタビューで、小杉小二郎氏に会った。有名な日本画家小杉放菴《ほうあん》の孫で、フランス在住の長かった画家である。

好きな絵の筆頭にバルテュスをあげた。理由は、品格、構図、不気味さであった。小杉氏の絵にもコラージュにも品がある。

品とは何かをきいた。

「引くということ。ピカソの絵も、それがある」

一見、派手に自己主張しているように見えるが、ピカソの絵にも、奥に引いている自分がある。これでもか、これでもかと自分をわかってもらいたい、好かれたいと自己主張し、相手におもねったものは美しくない。そういう芸術は下の下だ。絵の奥にその人自身が感じられるからこそ、その絵に惹きつけられるのだ。惹かれる理由は、引いているからなのだ。

頼みもしないのに向こうから出てくるものに魅力は感じない。勝手にやっているがいいと思うし、うるさいだけだ。

惹かれるものには品がある。職業が何であろうと、人間の品というものは隠すことができない。

女でも男でも品のある人は、鑑賞に足りる。鑑賞に足りる男や女が減ってしまった。人目を気にし、何かいわれないかと汲々とし、人と同じことをして安心している。そんな中から品は生まれない。その人の生き方によって身にそなわってくるものが品なのだ。

前にも書いたが、瞽女の小林ハルさんは、年を重ねるごとに美しくなった。

全盲だが心は何でも見えている。芸についての批評は厳しく、人を見る目は的を射ている。昔の写真を見ると、美人とはいいがたいし、悲惨な表情もしていたのが、年と共に品格がそなわって美しく堂々としてきた。

類まれな力で自分を律し、自分の哲学を持ち、自分なりの基準、価値観で人生を送ってきた人だけが持っている品なのである。

年を重ねれば重ねるほど、滲み出てくるから恐ろしい。

自分の価値基準を磨く生活法

自分の価値基準は一朝一夕に生まれるものではない。迷い悩み考えぬき、決断する中から出てくるものだ。

凛として生きるためには、まわり道でも、他人をあてにしたり、他人にみだりにものをきいてはならない。その前に自分ですることがあるはずなのだ。

人にものをきかない、ということは人を頼りにしない、自分の足で立つということである。人に連なって生きることではなく、個を持ってすっくと立つことなのだ。

人を頼らなければ、より以上に自分をよく見せよう、よく思われようとすることもない。

満員電車の中でも、雑踏の中でも個である。

エレベーターの中で黙って乗っているだけなのに、ひそやかに輝いている人がいる。人に迷惑をかけることもなく、自分を律し、媚びたりおもねったりされることも嫌いだ。他人に侵されない部分を持っているからこそ魅力的なのだ。

媚びやおもねりで、人と接してはいけない。自分の分を守って自分を律する心を忘れたくない。

軽井沢の山荘には、小鳥が沢山くる。庭につくった餌台の鳥たちは、一羽ずつ台に乗り、他の鳥は枝に止まって順番を待っている。力の強いので自分ばかり乗っかってくるのがいるが醜い。イカルという鳥は群れて台に乗り、他の鳥を追う。まるで人間社会を見ているようだ。

自然界でも、それぞれがルールを守って生きるために、順番待ちがあることを知る。

自分が凛として自由に生きるためには、人が凛として人間らしく品格を持って生きる自由を認めなければならない。人に迷惑をかけたり、負担になったりすることのないように気をつけたい。そんなことは、第一歩だと思っていたけれど、平気で人に迷惑行為を及ぼす人が増えている。

迷惑行為はいっこうになくならない。列車に乗る時ぐらい、ケータイはマナーモードにしておくのは当然のこと。けたたましい音楽で目ざめさせられたり、読書の邪魔をされたり自分だけよければの行動が目立つ。細い道に車を平気で止めるのも同じこと。軽井沢では、細い道に面した別荘は鎖を外して、すれちがいの時に待避できるようにというルールがあったのだが、いつのまにかなくなってしまった。

18 小さなことでも面白がる

感動できる人はストレスがたまりにくい

若さとは、好奇心を持つことだ。年を重ねていきいきと生きている人は、その秘訣に、必ずといってよいほど、好奇心をあげる。

好奇心とは、「へえ」とか、「あら」とか面白がること、自分の知らない世界に興味を持つことだ。興味を持ってはじめて、感動が生まれる。

私のまわりに近年、ウツ病の人が多い。年老いてのウツ、若い人のウツ、それは突然やってくるという。体がだるく、何をする気力もなく、目の前のものや事柄に興味が持てない。ひどくなると自殺を試みるという。

「暁子さん、ぼく気がついたら線路のそばに立ってたよ」

という電話をもらったことがある。その人は功成り名遂げたと思われている人なのだが、肉親による大きなストレスと仕事をしなくなったことが原因らしい。

最初は誰もが、心の病とは思わない。何をするのもいや、何にも興味が持てない、体がだるいから、体の異常を疑い内科に行く。しかし異常は見つからない。その間にどんどん病状は進む。

小さなことでも面白がり、好奇心を持つことができる人は、そこでストレスを発散することができる。

好奇心と感動は一対《いっつい》のものだ。ふっと心を遊ばせることができる人は、ストレスがたまりにくい。

私は神経質な一面もなくはないが、結構楽天家である。「なんとかなるさ」とどこかで思っている。おめでたいのである。おめでたいことは美徳だと前にも書いたが、おめでたいから、一瞬悩んでいることや、かかえていることを忘れて、「あら」「へえ」と好奇心を持つ。

虚心坦懐、なんでも見てやろうの精神は大切だ。

身近にもいくらでもころがっている。

植えた憶えもないのに、鉢にタンポポが咲く。思いがけないアカマンマも。マンションのベランダに来る鳥が種をどこかから運んでくるらしいのだ。雑草が生えても抜かないでいると、昔、川の土手で見たなつかしい花が咲いたりする。私の心は、その川の土手で遊びはじめる。

麻布に鶯《うぐいす》もちを売る店がある。

「鶯をたずねたずねて麻布まで」という句がかかっているところをみると、昔は麻布にも鶯はいたのだろうか。そんなことを考えていた早春の午後、鶯の声をきいた。私の住まいは広尾だが、道路の向かいは麻布である。「こんな都心で鶯？」と思い、錯覚かどうか疑ってみるが、次の日もその次の日も鳴いた。そしてある日、鶯の姿をこの目で見たのだ。緑がまわりに多いので、鶯は忘れずに今でも来ることがわかった。その感動！

梅雨が終わって軽井沢に出かけた。梅雨前の帰り際、切り花をみな土にさして来た。ひょっとしたらつくかもしれない。なんと、見事に山吹《やまぶき》も、つつじも、ふきも、みな根付いていた。その生命力に脱帽する。これからはみな、挿し木をして帰ることにする。

ひとり旅のすすめ

ジパング倶楽部のグラビアの取材で道東を旅した。「歌のふるさと」を訪ねて、「知床旅情」の知床、「襟裳岬」のえりもなど、四ヵ所。旅に出ると、さまざまな発見がある。「知床旅情」の詞をあらためてよくながめて驚いた。今まで何気なくうたっていて、知床を訪れた旅人の唄だと思っていたが、知床に住む人が旅人に向かってうたったものなのだ。「思い出しておくれ、俺たちのことを」

オホーツクに生きる人を主題にした『地の涯《はて》に生きるもの』の映画ロケで、森繁久彌氏が口ずさんだのがはじめだという。

こうしたかんちがいはよくある。向田邦子の「夜中の薔薇」という小篇があるが、これは、「野ばら」という歌の一節の「野中のバラ」を長い間、「夜中のバラ」と思い込んでいたという話だ。「夜中のバラ」とはなんとすてきなかんちがいだろう。

「知床の岬にハマナスの咲くころ」。ハマナスとはどんな色の花か、何人かにきいてみた。みな白だという。カメラマンも私も白だと思い込んでいた。ところが全くちがっていた。

赤紫に近い紅色なのだ。海辺に咲く一メートル近いトゲのある灌木に、紅い小さな花が咲いていた。植物図鑑によれば、ハマナスとはハマナシのこと、バラ科の植物で春から夏にかけ紅色の花をつけるとある。

なぜ白と思っていたか、私自身は「ハマユウ」とまちがっていたということがわかった。

いいかげんなものだ。ここで私は「あら」「へえ」と感動し、新しい発見をして嬉しかった。襟裳岬。「何もない春です」と森進一はうたう。行ってみてこれほど雄大な海と空を見たことがないと思った。日高山系の屏風《びょうぶ》の後ろに風の集まる岬にも生きる人々がいて、岬の先の岩場にびっしりゼニガタアザラシが甲羅《こうら》干しをしている姿を見た。「何もない春です」というのは一種の逆説で、自然も人の思いも色濃い。

旅には発見がある。日常から足を離し心も自由に、感覚も新鮮になっている。日常をつれていかないことが大事だ。

東京の友だちや家族など、身近なものからできるだけ離れて、ひとりになろう。必ず発見がある。

淋しくてできないという人がいる。中年すぎの女の人の中には、経験がないから怖いという人もいる。期待と不安は裏腹だからこそいい。不安と緊張をかかえながら新しい発見や期待に胸ふくらます。

どうしても不安だったら、行く先で出会う人を決めておこう。一度、日常と切れてから人と会うと、またちがう感情がある。でなければ団体旅行でも友人、家族と、はなれて座席をとり、ひとり行動する時間を持とう。その時見たもの感じたものが一番心に残るはずである。

旅の練習をするなら、散歩をすすめる。散歩は旅の第一歩。私は散歩が大好きだ。行きと帰りはちがう道を通る。昨日と今日は他のコースにする。足の向くまま気の向くままに歩いていく。

子供の頃から、川の土手をどこまでも歩いていってみるのが好きだった。思いがけない濠《ほり》と森があらわれ、かつての御陵だとわかる。その森の巣へ白鷺が夕方群れて帰ることも知った。

今でも一番気楽な格好をして、気の向くまま歩いていく。小公園になじみの猫がいる。「サンちゃん」「ミーちゃん」と名付けてみんなで可愛がっている。

帰り道、ざくろの花が咲いていた。緑の中に紅一点だ。紫陽花《あじさい》は、小さな花が群がって咲く。群がるほどに淋しい色は際立つ。

紫陽花の群れて淋しさまさりけり　郭公

19 恥じる心を忘れない

死を覚悟して生きることは生命を大切に生きること

日本の文化は、恥の文化だといわれる。恥を知る文化とは、武士の精神《こころ》に通じる。葉隠《はがくれ》の武士道は、恥をさらして生きるのを潔《いさぎよ》しとしない。死と隣り合わせに生きている。いざとなれば、自ら切腹して果てる覚悟ができている。

恥とは、誇りと表裏一体の関係にある。恥を知ることは誇りを持つこと。その誇りを恥ずかしめられたら、死をも辞さない。ぎりぎりの覚悟ができていたということだろう。

武士という職業に限らない。考え方は、女子供にも自然に植えつけられていた。

有名なプッチーニのオペラ「蝶々夫人《マダムバタフライ》」の幕切れ、蝶々さんは、短刀を手に自ら命を絶つ決心をする。心からの愛をかわしたと思ったアメリカの将校ピンカートンに裏切られたのだ。長崎の港に入る白い船と共にやってきたピンカートンにとっては、日本にいる間の現地妻にすぎなかった。しかし蝶々さんの愛は純粋で、その言葉を信じ、待ち続けた。そしてうたわれるのが、「ある晴れた日に」のアリアだ。ある晴れた日、大砲が鳴り、港へ白い軍艦が着く。待ちに待ったピンカートンが、「蝶々さん」と呼びながら坂を上ってくる。その時を思い、心ふるわせながらうたうアリアに胸がせまる。その日が来た。ピンカートンの傍には見知らぬ婦人がいる。奥さんだ。ピンカートンと蝶々さんとの間にできた子供をひきとることを申し出る。

ピンカートンと結婚したと信じる蝶々さんの年齢は十三歳。十七か十八と思っていたが、まだ十三だったという。その事実を知って、これは少女売買ではないかと憤りがつのった。

当時はこれが現実だった。明治維新、開国に伴って、かつての武士階級は没落、その日の糧《かて》にも事欠き、芸者になったり、蝶々さんのように外国人に妻合《めあ》わせられたりした例は事欠かなかった。

明治の元勲の奥方は、芸者が多かったというのも、元武家の女性が、芸者になった例が多く、教養も品もあり、優れていたからである。陸奥宗光《むつむねみつ》夫人で美貌を外国人にもうたわれた亮子《りょうこ》夫人……など数多い。

蝶々夫人もまた没落武士の娘だった。恥を知る教育をうけていたのである。自ら命を絶つにあたって、蝶々夫人は、短刀に記された文字を読む。

「恥をさらして生きるよりは、誇りを守って死ね」

そして蝶々さんは自ら命を絶った。それだけの覚悟を持っていたのである。

プッチーニが日本を舞台にオペラを作ったのは、死を賭した美意識に惹かれたからだと思う。

キリスト教的な愛の救いによって生きぬく西欧の考え方では、理解しがたいかもしれぬ。それだけに神秘に満ちた美意識をこの物語に感じただろう。年端《としは》もゆかぬ少女が自ら誇りを守って死を選ぶのだから。

「恥をさらして生きるよりは、誇りを守って死ね」

一見、命を粗末に扱っているように見えるかもしれぬが、逆である。

いつも死を覚悟して生き、生きている限り力をつくして生きる。ぎりぎりの所で生きるその姿勢は、生命を大切に生きよということだと思う。覚悟を持って生きたい。それは美意識であり一つの倫理観なのである。

恥じる心がなければ誇りは育たない

私自身の中にもこうした美意識がある。父方は幕末から明治にかけての没落武士であり、「武士は食わねど高楊枝《たかようじ》」的な暮らしぶりであった。祖父も父も職業軍人で、私も家庭の中でそれとなくそういう教育を受けた。父個人は絵描き志望だったが、長男だったため、泣く泣く軍人になったのだが、教育は身にしみついていた。

そして敗戦。アメリカ軍が進駐してくるにつれ、さまざまな噂がとびかった。戦《いくさ》の場で勝者による敗者への略奪や強姦は常識になっている。アメリカ兵がやってきたら、まず、狙われるのは、軍人の妻や娘だといわれた。

母は子供の私を呼び、隠れる場所を教えた。

「それでもいよいよとなったら、この薬を飲むのよ」

といわれた。

薬包に入った白い粉で、今にして思えば、青酸カリだったと思う。

母はそれをどこから手に入れ、その後どうしたのか、ききそびれたが、私の心に白い薬包は強くこびりついた。私は小学校の三年生。母のいう意味はよくはわからなかったけれど、

「恥をさらして生きるよりは、誇りを守って死ね」

は、以後、私の中から離れることはない。

他人から度胸があるといわれるのも、私の奥底にそうした覚悟がひそんでいるせいかもしれない。

どんなに恥をさらそうとも生きのびる道を選ぶことも、尊いということを、今の私はわかっているし、他人のそうした生き方に敬服する。

自分自身も、いざとなったら自ら命を絶つ勇気などないかもしれないし、その自信もない。けれど自分の中に育てられてきた、恥と誇りは大切にしたいと思う。

恥じる心がなければ、誇りは育たない。自分を深く恥じることを知るからこそ、恥じたことは二度とくり返さないし、自己に厳しく、その結果として自分に誇りを持つことができるのだと思う。

自分に厳しく、他には優しく寛容でありたい。自分に厳しい結果、他には理解してもらえずとも、自分の中に毅然としたものを持つ。自分自身の倫理観といいかえてもいいだろう。

私はそれを美しいと思う。恥とは、他人の目を気にして、「恥ずかしい」と思うことではない。自分の生き方、倫理観に照らして恥ずかしいことはしたくない。自分を支えるものの考え方の基本である。

その考え方は、私の支柱になって支えてくれてきたと思う。古くさいと思われようと、私は自分の美意識を大切にしたい。

昭和の終わる年、母が死んだ。度胸のいい潔い女《ひと》だった。

亡くなったあと、母がひとり暮らしをしていた実家のベッドルームを片づけた。枕元で固いものが手に触った。敷き布団の下から出てきたのは、銘の入った短刀……。はっとした。

母は何のためにこの短刀を持っていたのだろうか。防犯のためだとしたら、見つかったらかえって危ない。

母は、自分の覚悟のためにそれを持っていたのだろう。使うことはなくても、母の生きる姿勢を支えてくれるものだったろう。

死は隣り合わせ、だが自分は生きている。ひとり暮らしの生を全《まっと》うしなければと考えていたにちがいない。

短刀は届け出をして私が持っているが、枕元におく覚悟はできていない。

「恥知らず」の顔はこうして生まれる

恥は自分につきつけるもので、他へ向けるものではないと書いた。だが、毎日の暮らしの中で、つい「恥を知れ、恥を」といいたくなることがあまりに多い。

政治家の汚職、自分の利害のために、口ききをする。仕事をまわす、その見返りとして金をもらう。こうした利権主義を見ていると、思わず叫びたくなる。

「恥を知れ、恥を」

テレビの功罪はさまざまだが、功は、その人の顔をよく見せてくれることだろう。理念を持つ人の顔や目は輝いているが、自分の利益優先の人たちの顔は、いやしく、醜い。見事に顔にあらわれている。「武士は食わねど高楊枝」ぐらいの誇りと、「金は天下のまわりもの」ぐらいの鷹揚《おうよう》さを持っていたい。

鏡をよく見るがいい。自分がいい顔をしているか、いやな顔をしているか。その日の自分が映っている。客観的に見る目さえあれば、自分の顔は自分の内面の反映だということに気がつくだろう。

他人のことはわかるが、自分のことはわかりにくい。

「他人《ひと》のふり見てわがふりなおせ」

日本にはいい諺や格言がある。

テレビを見ていて、「いやな顔」と他人のことは思えても、自分の顔にはなかなか気付かない。顔の美醜ではない。心の中が感じとしてあらわれる。

「感じがいい」人は決しておべっかを言ったり、気をつかいすぎたりしない。自分の心に照らして恥ずかしいことを知って慎み、他にへつらわず、生きる誇りを持っている。それがその人の存在感になる。

最近、電車の中で化粧をする若い女性が多い。長い髪をとかし、隣の人のひざに髪の毛が落ちても平気、自分の世界に入っている。鏡にうつる自分の顔のどこを見ているのだろうか。目や唇の部分部分をぬり重ねることに懸命で全体が見えていない。化粧している自分が見えていない。

恥知らずな行動で、美意識のかけらもない。

先日、中年に近い女性が若い女性のように車内で化粧をはじめたのには驚いた。こんな親に育てられては、恥も誇りもあったものではない。

道幅いっぱいにひろがって大声で喋りながら歩くおばさんたち、彼女たちには、自分の姿が見えていない。恥や誇りのかけらでもあったらやらないだろう。こうした親に育てられる子供こそいい迷惑である。

明治の頃までは、妻は、素顔を見せてはいけない。家族が起きる頃までに、粧《よそお》いを整えておけという教えがあった。

なぜ妻だけ、という気がするし、封建制の名残《なごり》といえなくもないが、明治の頃、妻はプロの主婦であった。職場こそ家庭だが、家の中のことはすべてまかされ、後ろ指一本さされないようにきれいにし、働き、職業人としての誇りがあった。家族が起きる前にきちんと身なりを整えるのは、仕事の準備であり、身がまえであった。

だらしない格好をし、素顔をさらすというのは、恥でありプロとしての主婦の誇りを傷つけるものだったのだ。

さまざまな女をいためつける封建制からの解放は大切だが、恥を忘れてはいけない。誇りを捨ててはいけない。

かつての女たちの持っていた慎み深さ、美しさの中に、恥と誇りを垣間《かいま》見る思いがする。

20

身の始末は自分でつける

元気なうちに身の回りの整理をはじめよう

いよいよ実家の等々力の家を整理することにした時のことである。亡くなった直後に、人手を借りておおざっぱに整理はしたが、父や母のもの、私の若い頃の資料など、私でなければならないものは、そのまま放置していた。早く早くと思いながら時間もなく、知人の息子と娘の兄妹に実費だけで住んでもらっていた。

その二人もそれぞれ就職、結婚ということもあって、ついにのびのびにしていた家を整理せねばならない。そこに人生がつまっているわけだから、残されたものが多いのは、いたしかたない。それを必要なものと必要でないものに分けるのは至難のわざである。

父や母になりかわったつもりで、分けていく。父の場合、絵が好きで絵描き志望なのに、軍人にならざるを得ず、戦地でもスケッチブックをはなさなかったという人だけに、絵に関するものは残しておこう。

壊れかけたイーゼル、真新しいカンバス、油絵具、そして描かれた数多くの絵。どれもおろそかにはできない。私が子供の頃、父の書斎で見た『みづゑ』だのの雑誌やさまざまな画集。すべて軽井沢の家へ運ぶことにした。几帳面な人だったので、日記などのメモ類も多い。軍人時代の勲章類は、私にとっては何の意味も持たない。

母のものといえば、短歌を書き記したメモや手帖、広告の裏など。どれも捨てることができない。

たいへんなのは、趣味だった着物の量である。呉服屋さんに頼まれてコンサルタントなどもやっていたから、かたみ分けをしても、私が着るつもりのものを引いても、まだまだある。さて、どうしたものか。着物を着たいという人にはさし上げているが、母ははたしてどうするのを喜ぶだろうか。ひとり娘の私が着ることが一番いいのはわかっている。けれど、一生かかっても着られないと思うともったいない。呉服屋さんに頼んで整理することも考えねばなるまい。

親のものとはいえ、私にとっても愛着のあるものは、おいそれと捨てることができない。生前に自分で整理しておいてくれたらよかったのにと思うが、自分の寿命はわからない。

年をとってからでは、たとえ自分のものとはいえ、整理するのがだんだんとおっくうになる。

ある年代までに、やっておかないと、後の人に迷惑をかけることになる。

ドライな子供たちは、自分たちがいらないと思うと、いかに父や母が大切にしていたものでも、簡単に売り払い捨ててしまう。

友人の作家は、自分の死後、数多い蔵書を処分されてしまうことを考えると、たまらないという。寄贈を考えても、図書館もなかなかひきとってはくれない。せっかく集めたものをどうすればいいか、むずかしい判断をせまられる。

死後他の人の手で処分されるよりは、自分で方法を講じておいた方がよかろう。

子供のいる人はまだしも、子供にいいのこすこともできるが、私のように子供のいない身は、自分で身の始末を考えておかねばならない。

その上、父や母のものまで引き受けて荷がかさむばかり。

軽井沢にコンパクトな冬用の家ができたので、等々力の品は一部移送したが、場所を移しただけでは何にもならない。

死に方を考えることは生き方を考えること

自分の身の始末は、自分でつけなければならない。生まれてきたのは、自分の意志ではないが、何十年かの私の生きた証として、自分の最後は自分で決めたい。とは思うもののいつ何時事故にあうか、病気になるかわからない。

「もしも」を考えていては生きていけないから、自分の始末を自分なりに考えておきたい。はっきりいえば死に方である。

一番気に入りの椅子に腰かけ、愛猫を膝に、好きなオペラのアリアをききながら、夕焼けが闇に変わる瞬間、頽《くずお》れるというシナリオを描いているが、そううまくいくかどうか。暁子という名は暁に生まれたからで、死は日没と共にありたい。一番好きな夕暮れに。寸前まで仕事をしていて、ちょっと休んだまま眠るように、が理想だ。

うまくいくかどうかは別にして、自分で死に方を考えておくことは、生き方を考えることだ。

母は、自分の母の厳しい生き方を尊敬し、その母と同じ日に死にたいと口ぐせのように言っていた。

三月十八日、春の彼岸の入りに息をひきとった。叔母が声をあげた。

「あら、おばあちゃんと同じ日よ」

私には偶然とは思えない。母の意志がその形をとったのだ。もし母が祖母と同じ日に死にたいという強い意志を持たなければ、はたして同じ日に死ねただろうか。否である。母は死をめざして、自分の生き方を律していた。

よく例に出される西行《さいぎょう》の死。

「願はくは花の下にて春死なむ　そのきさらぎの望月《もちづき》の頃」

という歌の通りに、桜の下で、旧暦の二月の満月の日（正確には一日ずれているという）に死んだという。その死はその生をあらわしている。

私にできるとは思わないが、自分なりの死に方に近い、自分なりの生き方をしていきたい。

後の人に迷惑をかけないためにも、ものは増やさない、ほんとうに必要なもの以外は買わない。

有効に使ってくれる人のためには、自分の持ちものを惜しまない。好きで買いためたものでも。

私の蒐集品《しゅうしゅうひん》に「藍木綿《あいもめん》の筒描き」があるが、百点はある江戸からの手描きの古布は、寄贈先を見つけておきたい。パリの日本文化会館でも展示したし、日本の古い名建築（文化財）でも時折見て頂く。本は北海道のある図書館に私の本棚をつくってもらってある。

私の使ったもの、着たものなどは、若い人に後を託していこう。

最近気がつくと、若い友人が増えている。話をしていると楽しいし、無意識に後を託せる人を探しているのかもしれない。

そのためにも、好きなものは大切に使っておこう。

私は古い箪笥や家具が好きで、いくつか持っている。時代をへてますます美しくなるものは、本物だ。親子代々に伝わる家具や陶磁器、そのものの生命を生かして使ってやりたい。

捨て方ばやりの昨今だが、いいものを大切に使えばものは増えない。いくらでもシンプルな暮らしができる。

毎日毎日、どれだけのものがつくられ、捨てられていくか、どこかでその根を断ち切らねばならない。

他人の暮らしぶりにまで、文句はつけられないから、自分だけでもものを大切にし、身の始末をし、自分の死にそなえたい。

あせらず、着々と、いつかやってくる死にそなえることは、今をどう生きるかにつながってくる。

身の始末をして美しく生きる

身の始末をして美しく生きた人として思い出すのは、作家の幸田文《こうだあや》さんである。幸田露伴の娘として生まれ、いつも自分の身を省みながら、楚々として慎み深く生きた女である。生前、まだ私が放送局にいた頃お目にかかったが、話す言葉の美しさが、その暮らしぶりを想像させた。いつも着物をきりりと着て、決して派手ではないが、身の始末のよさを感じさせた。

幸田文の娘、青木玉《たま》さんは随筆家である。独特の文体が、さすが幸田文の娘と思わせる。親子代々引きつがれている暮らしが見えるようだ。

青木玉さんが、残された母の着物のことをラジオで語っていた。とうてい着つくすことができないといいながら、着物の一枚一枚への思いが感じられた。青木玉さんもまた、母の着物、自分の着物を暮らしの中で着こなし、身の始末を自分で考えていることが一語一語に滲んでいた。

俳優の沢村貞子。夫の死後、葉山のマンションに移り、自分の身の始末をして、見事に死んだ。ということは見事に生きたことでもある。

この女《ひと》のエッセイもまた洒脱で、随筆家としても優れていた。晩年は、俳優を引退し、書くことに専念した。

書くことは、身の始末である。自分の姿が見え、一生がふり返られ、自分の生涯を総括することでもある。

私も最後まで書ければいいと思うし、どうしても書いておきたいものがある。

例えてみれば、プルーストの『失われた時を求めて』の私版である。それをどういう形にするか、フィクションか、ノンフィクションか、まだ考えあぐねているが、いくつかの草稿はできている。

そして、母の故郷、上越の板倉に生まれたといわれる、恵信尼《えしんに》。はじめて妻帯した僧と共に暮らすことは女にとっても革命だったはずだ。

やっておかねばならぬ仕事の数々、一つひとつを手をぬかずに真剣につきあっていきたい。

最近は、葬儀をせず、近親者のみの密葬をのぞむ人々が増えた。新型コロナの流行でいっそうその傾向に拍車がかかった。後で「しのぶ会」が催される例もあるが、簡素に終わりたいと思う人が多くなったのだろう。形式ばった葬儀と、金ピカの葬儀用の車は、死にふさわしくはない。さまざまな死に方が考えられていいし、自分はこうしてほしいと遺言することも大切だろう。

骨を海にまいてほしいと思う人、アルプスの山に埋めてと希望する人、その人の遺志に沿える形がとれればいい。

その人の死は、その人のものであり、人生の実績なのだから、その人の遺志を尊重したい。

生前葬をとり行う人もいる。水の江瀧子さんが有名だが、元朝日新聞記者の松井やよりさんも死期を知って友人を集め生前葬を行った。生きている間に、自分の思うような会を、自分のお金で行うのもよい。

ほんとうに亡くなった時は、ひっそりと近親者のみで。

私自身も、いわゆる葬儀はしないでいいと思っている。

私に心を残してくださる人がいるならば、その人たちに、私から最後のはなむけとして、思いきりおいしいものを食べ、私の好きな音楽をきいて楽しんでもらいたい。

そのためのお金は残して、あとは一文もいらない。
お金は、寄附も含めて、すべて使い切って死にたい。
後の争いの種になるものなどは残さぬにこしたことはない。
自分の身の始末、考えれば考えるほどむずかしい。

日本音楽著作権協会(出)許諾第2109364-101号

本書は、二〇〇三年に小社より刊行された『〝ひとり〟を思うまま楽しみつくすルール』を改題、加筆・再編集したものです。

編集協力／会田次子
本文デザイン／青木佐和子
本文ＤＴＰ／キャップス

青春新書
INTELLIGENCE

こころ涌き立つ「知」の冒険

いまを生きる

"青春新書"は昭和三一年に——若い日に常にあなたの心の友として、その糧となり実になる多様な知恵が、生きる指標として勇気と力になり、すぐに役立つ——をモットーに創刊された。

そして昭和三八年、新しい時代の気運の中で、新書"プレイブックス"にその役目のバトンを渡した。「人生を自由自在に活動《プレイ》する」のキャッチコピーのもと——すべてのうっ積を吹きとばし、自由闊達な活動力を培養し、勇気と自信を生み出す最も楽しいシリーズ——となった。

いまや、私たちはバブル経済崩壊後の混沌とした価値観のただ中にいる。その価値観は常に未曾有の変貌を見せ、社会は少子高齢化し、地球規模の環境問題等は解決の兆しを見せない。私たちはあらゆる不安と懐疑に対峙している。

本シリーズ"青春新書インテリジェンス"はまさに、この時代の欲求によってプレイブックスから分化・刊行された。それは即ち、「心の中に自らの青春の輝きを失わない旺盛な知力、活力への欲求」に他ならない。応えるべきキャッチコピーは「こころ涌き立つ"知"の冒険」である。

予測のつかない時代にあって、一人ひとりの足元を照らし出すシリーズでありたいと願う。青春出版社は本年創業五〇周年を迎えた。これはひとえに長年に亘る多くの読者の熱いご支持の賜物である。社員一同深く感謝し、より一層世の中に希望と勇気の明るい光を放つ書籍を出版すべく、鋭意志すものである。

平成一七年　　刊行者　小澤源太郎

著者紹介

下重暁子〈しもじゅう あきこ〉

1959年早稲田大学教育学部国語国文学科卒業後、NHKに入局。アナウンサーとして活躍後、1968年に退局。民放キャスターを経て文筆活動に入る。現在、日本旅行作家協会会長。『明日死んでもいいための44のレッスン』『家族という病』(どちらも幻冬舎)『死は最後で最大のときめき』(朝日新聞出版)『鋼の女 最後の瞽女・小林ハル』(集英社)など著書多数。

孤独《こどく》の飼《か》い方《かた》

青春新書 INTELLIGENCE

2021年12月15日 第1刷
2021年12月20日 第2刷

著者 下《しも》重《じゅう》暁《あき》子《こ》

発行者 小澤源太郎

責任編集 株式会社プライム涌光

電話 編集部 03(3203)2850

発行所 東京都新宿区若松町12番1号 〒162-0056 株式会社青春出版社

電話 営業部 03(3207)1916 振替番号 00190-7-98602

印刷・中央精版印刷 製本・ナショナル製本

ISBN978-4-413-04640-4